Mit dem Erfolg per Du

Wer der Welt wundersamstes
Geschöpf sehen will –
der schaue in einen Spiegel.

Rolf Hasenclever

ROLF HASENCLEVER

Mit dem Erfolg per Du

Ratschläge für den Weg nach oben

BusseSeewald

CIP-Kurztitelaufnahme der Deutschen Bibliothek

Hasenclever, Rolf:
Mit dem Erfolg per Du : Ratschläge für d. Weg
nach oben / Rolf Hasenclever. –
3. Aufl. – Herford : Busse Seewald, 1987.
Bis 2. Aufl. in d. Simpl-Verl.-GmbH, Köln
Bis 2. Aufl. u.d.T.: Hasenclever, Rolf:
Der Wesensstern

ISBN 3-512-00787-2

Neuausgabe von
»Der Wesensstern«
3. Auflage

Druck: Busse-Druck, Herford
Buchbinderei: Hunke & Schröder, Iserlohn
Illustrationen: Gerhard Vogler
Umschlag: Roland Israel
Printed in Germany

ISBN 3-512-00787-2

Inhalt

Anstelle eines Vorwortes

Wir Menschen geben unermeßliche Summen aus,
um ferne Planeten zu erforschen,
denn wir sind von Natur aus neugierig.

Es interessiert uns, was früher war,
was später kommt und natürlich auch,
was im Schlafzimmer des Nachbarn vor sich geht.

Auch kritisch ist der Mensch!
Mal ist es ihm zu warm, mal zu kalt,
mal ist die Suppe zu salzig, der Weg zu weit,
die Arbeit zu schwer...

Wir finden immer etwas, womit wir unzufrieden sind –
außer mit uns selbst.
Denn Fehler macht doch stets „der andere".

Auf das Nächstliegende, uns selbst zu erforschen,
will ich Sie mit diesem Buch hinweisen.
Und darauf, wie wir auf andere wirken
und wie wir es anstellen können,
mit unseren Mitmenschen besser auszukommen.

Wie wir Freunde gewinnen und lernen,
des anderen Freund zu sein.

Rolf Hasenclever

Du willst mir wohl „pyschologisch“ kommen?!

„Pyschologisch“ ist gut, nicht wahr? – Wissen Sie, wie ich darauf komme? Da gibt es doch einen Witz:

Treffen sich zwei in München. Fragt der Sepp: „Was machst Du heute abend?“ Sagt der Schorsch: „Ich geh' ins ‚Porrsch'!“ Meint der Sepp irritiert: „Hei Mann, das heißt doch Pschorr!“ Nickt der Schorsch: „Weiß ich. Kann ich aber nicht aussprechen. Dann fliegt mir's Gebiß raus!“

Sehen Sie, daher auch der Ausdruck „pyschologisch“.

Mit der Überschrift sei ausgeführt, daß der Sprecher den häßlichen Verdacht hatte, ein anderer „wolle ihm psychologisch kommen“.

Denken Sie doch bitte einen Augenblick darüber nach, was damit im Klartext zum Ausdruck gebracht werden sollte.

Man könnte es auch so formulieren: „Du redest da so eigentümlich. Ich habe den Eindruck, Du willst auf etwas Bestimmtes hinaus, was mir jedoch nicht klar ist. Das macht mich mißtrauisch. Was hast Du nur im Sinn? Du willst mich wohl mit psychologischen Tricks auf's Kreuz legen! Warum sprichst Du nicht normal mit mir?“

Da haben wir des Rätsels Lösung:
Psychologie besteht für ihn aus „Tricks“, aus „Mätzchen“ und erscheint ihm nicht als der „normale“ Weg der Verständigung.

Wie denken Sie darüber?
Sind auch Sie voller Unbehagen und Mißtrauen, wenn der Begriff „Psychologie“ auftaucht? Halten Sie die Psychologie auch für eine Art Geheimlehre, die von Trickbetrügern angewandt wird, um die Menschheit „über den Löffel zu barbieren“?

Was verstehen Sie unter Psychologie?

In der Tat fällt es vielen Leuten schwer, mit der Psychologie etwas anzufangen.

Auch ist ihnen der Unterschied zwischen einem Psychologen, Psychiater und Psychoanalytiker keineswegs klar.

Lassen Sie mich an dieser Stelle Hans Jürgen Eysenck zitieren, der in seinem Buch „Wege und Abwege der Psychologie“ schreibt:

Der Psychologe.

„Der Psychologe befaßt sich mit dem wissenschaftlichen Studium des menschlichen Verhaltens und erwirbt darüber ein Diplom an der philosophischen oder naturwissenschaftlichen Fakultät einer Universität. Die Beschäftigung mit den Grundlagen seiner Wissenschaft allein befähigt ihn jedoch ohne weitere Spezialkurse weder zu praktischer Betätigung noch ohne weitere zwei Jahre akademischen Studiums für das Doktorat zu selbständiger Forschungsarbeit.

Der Psychiater.

Ein Psychiater ist ein Arzt, der sich auf Geisteskrankheiten spezialisiert hat;

die Psychologie spielt bei seiner zusätzlichen Ausbildung eine wesentliche Rolle.

Hauptaufgabe des Psychiaters
ist die Behandlung von Geistes- und Nervenkrankheiten.

Der Psychoanalytiker.

Ein Psychoanalytiker ist in der Regel ein Psychiater, der sich auf eine besondere Art der Behandlung, nämlich die Psychotherapie, spezialisiert hat und der meist Anhänger der Lehren von Sigmund Freud ist. Einige wenige Psychoanalytiker haben keine medizinische Vorbildung genossen, doch wird das heutzutage immer seltener.

Das Verhältnis zwischen Psychologen und Psychiater kann man mit dem zwischen Physiologen und Arzt vergleichen;
der Psychoanalytiker entspricht dabei dem Facharzt, der sich auf eine bestimmte Krankheit und Behandlungsweise spezialisiert hat.“

Psychologie: Lehre von den menschlichen Verhaltensformen.

Für mich ist Psychologie schlicht die Lehre von den menschlichen Verhaltensformen.

Zu wissen, warum wir Menschen so
und nicht anders sind.

Wie wir uns verhalten, wenn ...
... wir verliebt sind,
... es regnet,
... Föhn ist,
... ein Feuer ausbricht,
... wir geprüft werden,
... wir allein sind,
... wir in einer „Masse“ auftreten,
... man uns zu etwas zwingen will,

... man uns vor den Kopf stößt,
... uns die Arbeit über den Kopf wächst,
... wir ein gestecktes Ziel nicht erreichen,
und – und – und.

Solange es Menschen gibt, verhalten sie sich auch den Umständen entsprechend.
Wer Hunger hat, ißt.
Wer Durst hat, trinkt.
Wer Freude empfindet, lacht.
Wer traurig ist, weint.

Ist das etwa geheimnisvoll
oder gar unnormal?
Ganz im Gegenteil! Es ist natürlich!

Ebenso natürlich sollte es sein, daß wir nicht *absichtlich* unsere Mitmenschen beleidigen, ihnen wehtun oder sie uns zu Feinden machen.

Unabsichtlich geschieht das eben leider sehr oft. Und das einfach nur, weil wir uns über „die anderen" zu wenig Kopfzerbrechen machen. Oder weil wir nicht wissen, warum Menschen so sind, wie sie sind, wie sie denken und empfinden, was sie fühlen, wie sie handeln und reagieren.

Ein Schlag schmerzt, auch wenn wir ihn „unabsichtlich" erhalten oder austeilen.

Und warum wissen wir das nicht?
Weil wir zwar in der Schule lernen, wieviel 3 x 3 ist, wann Cäsar seine Feinde besiegte und wo der Taunus liegt. Aber über das Wichtigste, was es für uns gibt, nämlich die Art, Menschen richtig zu behandeln, lernen wir nichts.

In der Schule sollten wir mehr über den richtigen Umgang mit Menschen lernen.

Nur so ist es zu erklären, daß wir Durchschnittsbürger mit dem Wort „Psychologie" nichts Rechtes anzufangen wissen.

Hinzu kommen Berichte über beamtete Psychologen, die beispielsweise bei der Berufswahl die Ratsuchenden mit geheimnisvollen Spielchen verwirren. Da müsse man zum Beispiel „Kleckse“ und „Tupfer“ ansehen und sagen, woran man dabei denkt. Solche und noch andere für den normalen Sterblichen undurchschaubare Kunststücke sowie auch die bisweilen in den Zeitschriften veröffentlichten „Testen-Sie-sich-selbst-Spiele“ haben zur Folge, daß der „Unbeleckte“ dazu neigt, anzunehmen, Psychologie sei „so ein moderner Kram“, mit dem die Psychologen selbst so recht nichts anzufangen wüßten.

Über dieses Thema gibt es ein paar nette Witze. Zum Beispiel den:
Kommt ein Mann zum Psychiater. Der macht eine gerade Linie und fragt: „Woran erinnert Sie das?“ Antwort: „An eine nackte Frau!“ Etwas irritiert malt der Psychiater eine Schlangenlinie. „Und das?“ „An eine nackte Frau!“ „Und dieser Kreis?“ „Auch an eine nackte Frau!“ „Mann, also ehrlich, mit Ihnen scheint irgendetwas nicht zu stimmen!“ Knurrt der: „Und wer hat den ganzen Schweinkram gemalt?!“

Unpsychologisches Verhalten = normal?

Psychologisches Auftreten = unnormal?

Da kann doch etwas nicht stimmen!

Schlimm ist auch die Auffassung, man könne Psychologie an- und ausziehen wie ein Kleidungsstück, je nach Bedarf. Das heißt, daß ich mich nur dann psychologisch verhalten würde, wenn ich auf „normale“ Art und Weise nicht zum Ziele käme. Hätte ich dann erreicht, was ich will, zöge ich den psychologischen Mantel, der einer Verkleidung entspricht, wieder aus und wäre das, was ich vorher war, nämlich ein „normaler“ Mensch.

Wirklich, ein schrecklicher Gedanke. Psychologie als Verkleidung, ja als Waffe. Die ja um so gefährlicher wäre, da man sie bei einem geschickten Psychologen, der hier auf eine Stufe mit einem Schwindler gestellt wird, nicht erkennen würde, zumindest aber kein Gegenmittel hätte.

Psychologie als Verkleidung?

Der Psychologe als „Wolf im Schafspelz?"

Ich gebe zu, daß ein guter „Menschenkenner" und „Menschenbehandler" im täglichen Leben größere Chancen hat als einer, der von diesem Thema nichts versteht. Ein guter Werkzeugmacher hat ja auch bessere Aussichten als ein schlechter.

Und das trifft ja schließlich auch auf alle anderen Bereiche zu: Auf den Beruf, den Sport und auch wenn es darum geht, das Herz und die Sympathie eines Menschen zu gewinnen.

Was halten Sie von folgendem Beispiel?

Max baut sich vor „ihr" auf und spannt seine Muskeln. Dann knurrt er:
„Damit Du's weißt – ich bin der Stärkste in unserem Verein! Das hat vor kurzem noch der Willy erfahren. Übrigens – was ißt Du denn da? Schokolade? Bei Deiner Figur?"

Und nun der Fred:
„Wie gut Du wieder aussiehst! Was hast Du heute gemacht? Erzähl doch mal! Übrigens – ich habe Dir Schokolade mitgebracht. Mit Nüssen. Die magst Du doch so gerne."

Na? Was meinen Sie?
So dumm wie der Max würde man sich in Wirklichkeit nicht anstellen?

Ich gratuliere zu Ihrem Optimismus,
kann ihn aber nicht teilen.

Ja – in beiden Fällen war Psychologie im Spiel. Im ersten eine miserable, im zweiten eine vorzügliche. Fred weiß, was Frauen lieben.

Wer beliebt sein will, muß die Menschen lieben.

Und damit will ich sagen:
Jeder von uns, der Wert darauf legt, bei seinen Mitmenschen geschätzt und beliebt zu sein, muß sich mit ihrem ,,Innenleben" befassen. Herzensbildung, Höflichkeit, liebenswürdiges Auftreten, ein Herz und ein Ohr für den ,,anderen" kommen hinzu. Natürlich auch Fingerspitzengefühl und Takt. Eben all die guten Eigenschaften, die manche Menschen so liebenswert machen. –

Wer diese hat, ist ein Naturpsychologe. ,,Kommt einem aber einer psychologisch", so kann es sich nur um einen armen Tropf handeln, der allen Ernstes glaubt, durch Verstellung Vorteile erlangen zu können.

Der Schmeichler zum Beispiel.

Der kommt einem dann aber gar nicht ,,psychologisch" sondern im höchsten Grade ,,unpyschologisch".

Und ehe wir dem zuhören, gehen wir lieber ins ,,Porrsch"!

Topf und Deckel

Zu jedem Topf gehört ein passender Deckel. Ein größerer oder kleinerer würde nicht passen. Eine „an und für sich“ ganz normale Angelegenheit.

„An und für sich.“ Über solche „Angstworte“ sprechen wir später.

Bei uns Menschen ist das auch so. Obwohl hier weder körperliche noch geistige Maßstäbe gemeint sind, sondern Geschmack, Veranlagung, Auffassung und dergleichen mehr.

„Gleich und gleich gesellt sich gern“ trifft ebenso zu wie „Gegensätze ziehen sich an“.

Den ersten Spruch kann man so auslegen, daß Menschen mit gleichem Geschmack leicht zusammenfinden.

Zwei Wandervögel haben die gleichen Interessen. Keiner von ihnen muß dem anderen zuliebe auf seine Freude verzichten. Tut der eine das, was ihm Spaß macht, so wird der andere gerne mitmachen, eben weil er die gleiche Genugtuung daran empfindet. So machen sich beide gegenseitig Freude nur dadurch, daß sie das tun, was sie gerne tun.

Gleiche Interessen verbinden.

Bei zwei Stubenhockern ist das ähnlich. Keiner von beiden wird versuchen, den anderen zu einer Wanderung zu bewegen.

Treffen aber ein Wandervogel und ein Stubenhocker zusammen, so wird die

Der Stärkere siegt.

Sache schwierig. Einer von beiden wird sich durchsetzen und der andere muß wohl oder übel auf seinen Spaß verzichten.

Wenn die Liebe sehr groß ist, mag das wohl eine Weile gutgehen. Jedoch hält das nur in ganz wenigen Fällen ein Leben lang.

Außer der eine findet sein Lebensglück darin, sich bewußt unterzuordnen.

Soviel zu „gleich und gleich gesellt sich gern“.

„Gegensätze ziehen sich an“ widerspricht dem anderen Spruch keineswegs.
Das hört sich nur so an.

Gemeint ist, daß ein starker Mann und eine schwache Frau (und umgekehrt!) sich anziehen. Weil der eine Schutz braucht, den der andere geben kann und will.

Dicke Frauen und dünne Männer,
dicke Männer und schlanke Frauen,
große Frauen und kleine Männer,
große Männer und zierliche Frauen,

... die Liste kann beliebig fortgesetzt werden.

Doch nicht nur bei Äußerlichkeiten finden wir diese Gegensätze, die sich ansprechen.
Auch bei grundverschiedenen Veranlagungen gibt es den Reiz der Anziehung:

Redselige Männer und schweigsame Frauen, streitbare Frauen und schüchterne Männer sind nur Beispiele dafür.

Allerdings kann das, wenn die Gegensätze zu groß sind, auch mal in die Hose gehen. Dann spricht man von „seelischer Grausamkeit" und es gibt „Trabbel" (hochmoderner eingedeutschter Ausdruck für Ärger).

Doch bleiben wir noch ein wenig bei dem Topf und dem Deckel. Wobei es ganz egal sein soll, wer hier die Rolle des Topfes und wer die des Deckels spielt. Hauptsache beide passen zueinander.

Zwar wird es wohl so sein, daß die meisten sich als Topf vorkommen und damit zum Ausdruck bringen wollen, daß sie sich für den wichtigeren Teil halten. Sie suchen jetzt „nur noch" einen Deckel.

Und gleich beginnen sie, dem oder der anderen beizubringen, was man sich abzugewöhnen habe. Oder was man vom anderen verlangt.

Besteht der Partner jedoch ebenfalls auf seiner „Topfposition", dann setzt der Machtkampf ein. Vorausgesetzt natürlich, daß hier eben Menschen mit verschiedenen Auffassungen oder Angewohnheiten aufeinandertreffen.

Und wie sieht das bei Ihnen aus?

Ich habe Angst

Du hast Angst, er – sie – es hat Angst, wir haben Angst...

Dabei ist die Sache weder lustig noch einfach. Ganz im Gegenteil! Denn viel mehr Leute haben Angst, als man glaubt. –

Das fängt schon an, wenn wir zu leben beginnen. Ja, die Angst gehört zu unserem Leben wie die Luft, die wir atmen. Wobei die Voraussetzungen allerdings grundverschieden sind.

Luft brauchen wir zum Atmen. Wir sehnen uns nach sauberer und reiner Luft. Am Meer und in den Bergen ist sie ein besonderer Genuß.

Luft brauchen wir zum Leben. Auf die Angst würden wir gerne verzichten.

Anders die Angst. Wir würden gern ohne sie leben. Sie bedrückt und quält uns. Sie kann uns Tag und Nacht verfolgen und uns das Leben zur Hölle machen.

Und es gibt so viele Ängste:

Angst vor den Eltern, dem Hund, den Nachbarn, der Schule, dem Erwachsenwerden. Vor dem Berufsleben, vorm Altern, vor dem Tod.

Angst vor der Einsamkeit, davor, gewissen Situationen nicht gewachsen zu sein und zu versagen. Sei es bei der Englischarbeit in der Schule, dem zu erwartenden schlechten Zeugnis und der folgenden Strafe durch die Eltern. Bei der Berufsabschlußprüfung oder einfach nur im Ehebett.

Angst vor dem Stärkeren,
vor dem Unehrlichen und Hinterlistigen.

Angst, im Dunkeln in den Keller oder über einen Friedhof zu gehen.

Angst vor dem Ungewissen und Unbekannten. Angst vor Armut, Schmerz und Krankheit, Angst einen lieben Menschen zu verlieren,
Angst – Angst – Angst – – –.

Die Angst ist unser ständiger Begleiter.

Wer sagt, er habe nie Angst gehabt, lügt.
Denn auch Mutige haben Angst.
Und die mahnt sie zur Vorsicht.

Vielleicht ist die Religion ein Mittel, mit der Angst fertig zu werden. Wer aus tiefem Herzen glaubt, für den ist sein Gott die Kraft, die Angst zu besiegen. Viele Religionsformen in unserer Welt sind für die Menschen ein sicherer Ort der Zuflucht und Geborgenheit.

Unser Glaube gibt uns Kraft.

Doch was sollen die tun, deren Glaube nicht so groß und fest ist? Die wankelmütig werden oder schlicht zweifeln?

Wir wissen, daß der Gang zur Kirche nichts aussagen muß über das, was der Betroffene in Wirklichkeit denkt und fühlt. Und auch das Abendgebet kann eine heruntergeplapperte Angewohnheit aus Kindeszeiten sein.

Ich will und werde auf dieses Thema jedoch nicht weiter eingehen. Immerhin gibt es Berufenere, die dazu mehr und Treffenderes sagen können.

Mir geht es nur darum, über *psychologische Möglichkeiten* zu sprechen, mit den vielen Ängsten des täglichen Lebens besser fertig zu werden.

Lassen Sie uns zuerst einmal untersuchen, was Angst in Wirklichkeit ist.

Nehmen wir doch mal ein Beispiel zur Hand.

Mein Zahn schmerzt. Ich muß zum Zahnarzt. Oh weh! Was wird der nur mit mir anstellen? Bohren, schleifen, ziehen? Vielleicht gibt er mir eine Spritze – –?! Ein mieses Gefühl, wenn dann die Backe (damit ist natürlich die Wange gemeint!) gefühllos wird.

Und wenn die Gesichtshälfte hinterher anschwillt?! Wie sehe ich dann nur aus? Brrr! Unangenehm, sehr, sehr unangenehm. Und wenn er mir wehtut!? Das habe ich gerade am Kopf besonders ungern!

Ja, da hätten wir es also:
Der zu erwartende Schmerz, die insgesamt unangenehme Situation, das vielleicht wenig vorteilhafte Aussehen, die allgemeine Ungewißheit, all das verursacht dieses Gefühl, das wir „Angst“ nennen.

Und diese Angst ist eben da, gleich, ob wir sie zugeben oder nicht. Gleich, ob sie berechtigt ist oder nicht. Immerhin haben die Zahnärzte heute durchaus weitgehend perfekte und schmerzfreie Behandlungsmethoden. Aber – man weiß ja nie...

Ein anderes Beispiel ist die Prüfung.
Wir haben uns vorbereitet, so gut es ging. Nach „menschlichem Ermessen" (ein blöder Ausdruck) könnte „eigentlich"
(das Wort zeigt schon unsere Unsicherheit) nichts passieren.

Wer aber garantiert uns, daß der Prüfer guter Stimmung ist, daß er uns mag, daß uns unser Gedächtnis nicht im Stich läßt,
daß wir nicht nervös und aufgeregt sind,
daß – daß – daß...

Hier ist es wieder die Ungewißheit, das Unvorhersehbare, das bei uns das auslöst, was wir als „Angst" bezeichnen.

Ungewißheit und Unsicherheit machen uns ängstlich.

Oder der vielzitierte nächtliche Gang in den Keller. Ob da wohl einer hinter der Ecke steht? Schließlich haben wir das ja oft genug in Gruselkrimis gesehen! Da hilft nur eines! Laut singen! Und beim Rückweg größere Schritte machen!

Grundsätzlich gibt es Angst vor zwei Arten von Situationen:
Die eine ist die, welche wir kennen oder berechnen können.
Die andere kennen wir weder, noch können wir sie berechnen.

Angst vor bekannten und vor unbekannten Situationen.

Wenn ein Schüler eine Arbeit gründlich verbaut hat, so weiß er,
daß eine schlechte Note folgt.

Wenn mir der Zahnarzt sagt:
„Nur Mut, mein Freund, der Zahn muß raus!",
dann ist mir völlig klar, was da
auf mich zukommt!

Wenn ein lieber Mensch von mir geht,
fürchte ich mich vor der Einsamkeit.

Bei der unbekannten und unberechenbaren Situation ist die Sache völlig offen. Es kann durchaus gutgehen – vielleicht geht's aber auch schief! Und da das eben nicht vorauszusehen ist, haben wir Angst.

Es gibt übrigens Branchen,
die von der Angst leben.
Zum Beispiel die Versicherungen.

Angst vor Unfall, Wasserrohrbruch, Diebstahl, Invalidität und – und – und... Man kann ja nie wissen – und besser ist eben besser.

Das spricht übrigens keineswegs gegen die Versicherungen. Ganz im Gegenteil. Sie bieten uns Menschen zweierlei: einmal den realen Schutz vor Schäden. Zum anderen das Gefühl der Sicherheit.

Des einen Eule ist des anderen Nachtigall.

Gerade den zweiten Fall sollte man nicht unterschätzen, denn die Gefühle sind der Gradmesser unserer Stimmungen. Was den einen kalt läßt, ruft bei dem anderen Wutausbrüche hervor. Oder treibt ihm den Angstschweiß auf die Stirn.

Doch zurück zu unseren Alltagssorgen. Ich wollte ja mit Ihnen darüber sprechen, welche Methoden es gibt, die Dinge so einigermaßen in den Griff zu bekommen.

Lassen Sie mich mal mit einem Witz beginnen, der zwar schon ziemlich alt ist, aber doch immer wieder allgemeines Schmunzeln hervorruft. Weil er eben so gut und treffend ist.

Da bittet die Frau den Arzt:
,,Mein Mann macht sich immer die Hosen voll. Darüber regt er sich dann schrecklich auf. Bitte verschreiben Sie ihm doch etwas, daß die Hose künftig trocken bleibt.''

In der Apotheke steckt die Frau dann irrtümlich anstelle der Medizin für ihren Mann die der neben ihr stehenden Frau ein. Es ist ein starkes Beruhigungsmittel.

Als der Arzt die Frau ein paar Wochen später auf der Straße trifft, fragt er:
,,Na, Frau Notdurft, wie geht es jetzt Ihrem Mann? Haben die Pillen geholfen?''
,,Ganz prima'', meint da die Frau. ,,Er macht sich zwar nach wie vor in die Hose, doch das stört ihn überhaupt nicht mehr.''

Den kannten Sie schon, nicht wahr? Was uns dieser Witz lehrt, ist wieder mal die alte Tatsache, daß es nicht so sehr darauf ankommt, was geschieht, sondern vielmehr darauf, was wir dabei empfinden.

Das Leiden des Mannes blieb dasselbe, doch seine Empfindungen, seine Gefühle änderten sich.

Und jetzt zu unserer Angst:

1. Möglichkeit: Nichts zu tun.

Die erste Möglichkeit damit fertig zu werden, ist, nichts zu tun. Das bedeutet, künftig weiter mit der Angst zu leben.

Wer nichts tut, kann nichts verändern

2. Möglichkeit: Kampf der Angst.

Die zweite Möglichkeit heißt:
Kampf der Angst.
Mit Gewalt dagegen angehen.

„Ich will keine Angst haben!
Ich bin eine starke Persönlichkeit!
Ich habe künftig keine Angst mehr –
das wäre doch gelacht!"

„Ich" und „mein Wille" stehen hier an erster Stelle. Ob das was hilft? – Versuchen Sie's lieber erst gar nicht! Diese Art von Selbsthypnose geht wahrscheinlich in die Hose. (Da ist mir doch wahrhaftig ein richtiger Reim gelungen. Und wenn ich mal ein Gedicht machen will, fällt mir stundenlang nichts ein!)

Hier steht „Selbsthypnose" für „Sich-etwas-einreden" wollen, an das man in Wirklichkeit selbst nicht glaubt.
Nur ganz wenigen gelingt das.

Sie können es ja mal ausprobieren.
Wenn Sie Angst haben, nachts über einen Friedhof zu gehen, tun Sie's einfach mal.
Sagen Sie dabei ständig:
„Es gibt keine Geister –
ich habe keine Angst,
es gibt keine Geister –
ich habe keine Angst!"
Wetten, daß Ihnen trotzdem eine Gänsehaut nach der anderen den Rücken rauf- und runterläuft?!

Die dritte Möglichkeit ist, zum Arzt, zum Psychologen oder zum Geistlichen zu gehen. Wenn die gut sind, werden sie Ihnen vielleicht helfen können.

3. Möglichkeit: Rat beim Geistlichen oder Psychologen suchen.

Mein Rat ist, es erst einmal mit *der vierten Möglichkeit* zu versuchen.
Nämlich mit Lässigkeit.
Das sieht dann so aus:
„Ich habe Angst. Stimmt, richtige Angst. Na ja – das ist eine ganz natürliche Erscheinung. Andere haben auch Angst. Was soll's?! Dann habe ich eben Angst – auch gut."

4. Möglichkeit: Lässigkeit.

Damit nehmen wir der Sache die Dramatik! Angst ist so natürlich wie Freude, Trauer, Lust und Heimweh.

Angst ist natürlich.

Wichtig ist auch zu wissen, daß wir mit unserer Angst nicht alleine dastehen. Jeder hat vor irgendetwas Angst. Auch der Lehrer in der Schule, auch der Hund in Nachbars Garten, auch der Zahnarzt in der Paulinenstraße.

Bagatellisieren, herunterspielen, nicht so ernst, so wichtig nehmen hilft uns,

die Angst als das zu betrachten,
was sie in Wirklichkeit ist:
Als einen normalen Bestandteil unseres täglichen Lebens.

Diese Methode, die Dinge lässig zu sehen, kann auch bei Ärger und Verdruß helfen. Sich schnell abfinden mit der jeweiligen Situation nach dem Motto:
„Auch gut! Dann eben nicht! Was macht das schon?!" ist eine durchaus erlernbare Sache. Wetten? –

Wenn Sie's nicht glauben – versuchen Sie es wenigstens.

Am besten erst mal bei kleinem Ärger, bei wenig Angst vor kleinen Schwierigkeiten.

Machen Sie das Wort

Was soll's

zu Ihrem Kernsatz.

Auch

Na – wenn schon

ist nicht schlecht.

Damit lebt sich's leichter – glauben Sie mir! –

Mensch – ärgere Dich nicht

Nur ein Spiel?
Richtig – doch oftmals bitterer Ernst.

Schließlich sind wir ja keine Computer.
Die reagieren logisch.
Wir Menschen psychologisch!

Wir haben Gefühle. Gottseileider!
Was wären wir ohne eben diese?
Traurige Fellhüllen, mit Knochen, Fleisch und Eingeweiden.

So aber können wir glücklich und traurig sein, lustig, zufrieden und sauer. Supersauer und stinksauer, je nach Veranlassung.

Trotzdem habe ich mir schon oft gewünscht, meine Gefühle abschalten zu können. Wie ein Radio oder einen Fernseher. Wenn's mal ganz dick kommt und ich nicht mehr weiß, wohin. Sie kennen das, nicht wahr?

Und dann auch noch die lieben Mitmenschen. „Der ärgert mich, der auch und jener ebenso."

So, jetzt habe ich mich geschickt ans Thema herangeschlichen. Schon die Mutter sagte es:
„Du sollst mich nicht immer ärgern!"

Ich wollte aber nur darauf hinweisen, daß niemand einen anderen ärgern kann. Ärgern kann man nur sich selbst!
Der andere kann uns höchstens den Grund dazu geben.

Ich kann *mich*, aber nicht *Dich* ärgern.

Hei – es ist heraus! Ich bin meine Weisheit losgeworden. Jetzt ist mir's wohler.

Und wenn ich jetzt auf weitere, völlig unnötige Erklärungen verzichte, wird dieses Kapitel zur Abwechslung mal schön kurz. Warum auch sollte ich nicht mal ein solches schreiben?

Wie bitte? Soll ich nicht?
Sie wollen mich wohl ärgern?! –

Selbstbeherrschung – nur auf dem Sportplatz?

Selbstbeherrschung, Selbsterziehung, Selbsterkenntnis, Selbstkritik sind Fremdwörter für viele von uns.

Fehler und Schwächen suchen und finden wir meist nur bei den anderen. Wir halten uns „selbstverständlich" für fehlerfrei. Werden wir trotzdem auf einen Fehler hingewiesen, neigen wir zu der lakonischen Feststellung:
„Tja, was soll ich machen!? Ich bin nun mal so!" Oder wir versuchen, unser Verhalten zu rechtfertigen nach dem Motto:
„Weißt Du, ich habe Gründe für mein Verhalten!"

Na schön! Das mag ja dann und wann so sein. Aber machen wir uns die Sache nicht etwas zu leicht?

Wir alle haben Fehler, dafür sind wir Menschen. Mit den Worten „Irren ist menschlich!" oder „Wir Menschen machen nun mal Fehler!" schaffen wir die Sache jedoch nicht aus der Welt. Wir steuern geradewegs auf unser nächstes Fehlverhalten zu, um dann wieder faule Ausreden und Entschuldigungen bereitzuhaben.

Selbstverständlich gibt es kleine, liebenswerte Fehler. Aber auch welche, die uns so richtig „auf den Wecker gehen".

Für die Beurteilung, was nun Fehler sind und was keine, gibt es genügend Maßstäbe. Sitten und Gebräuche reichen hier nicht aus. Auch Anstand, Höflichkeit und Ethik gehören dazu.

Wichtig erscheint mir das *Bemühen* eines Menschen, durch seine Art und sein Auftreten die Mitmenschen nicht zu belästigen, wenn er es schon nicht schafft, sie zu erfreuen.

Leider achten sehr viele von uns überhaupt nicht darauf, ob und wie sie bei „den anderen" ankommen. Entweder ist es ihnen gleichgültig, was immerhin für einen gewissen Charakter spräche, oder sie bemerken das überhaupt nicht, und das ist wohl in den meisten Fällen so.

Diese Typen, die gar nicht selten außerordentlich mimosenhaft auf ein „Mißverhalten" anderer reagieren, trampeln wiederum ihren Mitmenschen höchst unbekümmert auf den Nerven herum. Sagt man es ihnen, sind sie prompt beleidigt.

Für diese Leute muß wohl Selbsterkenntnis etwas Exotisches sein. Zweitens ist sie ungewohnt und daher anstrengend – und erstens kommt man ja auch kaum von selbst darauf.

Weil man seine eigenen Fehler nicht für Fehler hält. Weil man selbstzufrieden ist und glaubt, man sei gut.

Wenn schon keine Selbsterkenntnis dann auch keine Selbstkritik.

Die meisten gefallen sich so, wie sie sind. Zwar sagt man: „Natürlich habe ich Fehler." Bei der Beurteilung unserer Fehler verfahren wir jedoch recht großzügig.

Und keine Selbsterziehung, denn die erfordert Ehrlichkeit zu sich selbst, Kraft und Ausdauer.

Von Selbstbeherrschung wollen wir erst gar nicht sprechen.
Ein Turner beherrscht seinen Körper, ein Rennfahrer sein Auto und ein Turnierreiter sein Pferd.

Andere Menschen zu beherrschen ist zwar nicht zeitgemäß, wird aber trotz des ständigen Rufes nach Freiheit, den man in fast allen Ländern ständig hört, leider vielfach in brutalster Weise praktiziert.
Sich selbst jedoch beherrschen können die wenigsten! –

Selbstbeherrschung als Zeichen von Unehrlichkeit?

Ein paar ganz Schlaue wollen uns erzählen, Selbstbeherrschung käme einer Lüge gleich. Man unterdrücke Gefühlsäußerungen und täusche damit seine Mitmenschen.

Wie würde das denn in der Praxis aussehen?
Einer tritt mir auf den Fuß und sagt:
„Oh, verzeihen Sie meine Unachtsamkeit. Ich hoffe, es tat nicht weh!"
Ich erwidere: „Doch, Sie Affe! Sie sollten sich beim Orthopäden Schaumgummi unter Ihre Schweißfüße nageln lassen!"

Wer wütend ist, neigt dazu, seine gute Erziehung (falls vorhanden) zu vergessen.

Ich war sauer und sagte, was ich in diesem Augenblick empfand. Dabei war es weniger der Schmerz, der mich aufbrachte, als das „dumme" Gesicht dieses Tolpatsches, der mir ausgerechnet auf meine Sonntagsschuhe latschen mußte.

Und da haben wir sie wieder, unsere Selbstbeherrschung. Sie ist keine Lüge, keine Unwahrheit, sondern einfach eine notwendige Lebensform.

Warum gibt es beim Fußball gelbe und rote Karten? Weil Selbstbeherrschung fair und sportlich ist. Wer dagegen verstößt, hat die Folgen zu tragen. Da ist man ganz eisern.

Warum soll das nur im Sport so sein? Wer sagt, daß im Privat- und Berufsleben Fairneß und Sportlichkeit unnötig sind?

Ich sehe da keinen Unterschied. Ganz im Gegenteil. Wer sich auf dem Sportplatz beherrschen kann, wo es nur um ein Spiel geht, sollte sich im täglichen Leben um so selbstverständlicher beherrschen können. Denn da geht es wirklich um etwas. Nämlich um die Achtung derer, die wir schätzen und die es einfach nicht verdient haben, daß wir ihnen launisch und unbeherrscht entgegentreten.

Gerade unsere Familie und unsere Freunde leiden oft besonders stark unter diesem unserem Mißverhalten. Zumal wir uns bei Fremden ja normalerweise beherrschen, damit sie keinen schlechten Eindruck von uns bekommen. Was wir, wie gesagt, im Familien- und Freundeskreise nicht nötig haben. (Wie wir glauben!)

Wenn wir ehrlich sind, müssen wir zugeben, daß das „in den besten Familien“ vorkommen kann. Den ganzen Tag nehmen wir uns zusammen, denn der Beruf verlangt von uns ein freundliches Gesicht. Egal was passiert.

Am Abend ist es dann soweit.
Auf die Frage:
„Was machst Du denn (wieder!) für ein Gesicht?“ platzen wir los.
Und nachher tut es uns leid!

Zugegeben – einfach ist die Sache nicht. Ein wenig Diplomatie und Verständnis von der anderen Seite könnten natürlich auch nicht schaden.

Uns zum Beispiel aufmerksam zu beobachten, wenn wir nach Hause kommen.

Machen wir dann wirklich „ein Gesicht“, sind wir vielleicht nur abgespannt oder „gestreßt“, wie es im modernen Deutsch so schön heißt.

Ein paar Minuten Ruhe und Entspannung genügen oft schon, um sich auf das familiäre Milieu einzustellen.

Freundschaft verpflichtet.

Selbstverständlich spricht uns das nicht frei. Selbstbeherrschung ist gerade im Familien- und Freundeskreise ganz besonders angebracht. Je näher die Beziehung, je enger die Freundschaft, um so größer unsere Verpflichtung diesen Menschen gegenüber!

Vielfach wird der Begriff der Freundschaft ja leider gründlich mißverstanden. Solange wir uns „siezen“, halten wir Abstand. „Duzen“ wir uns jedoch, nehmen wir uns gerne etwas heraus.

Das Gesicht des anderen ist der Spiegel meines Verhaltens.

Da das Gesicht des anderen im übrigen der Spiegel meines Verhaltens ist, kann ich ja auch daran schon erkennen, ob mein Verhalten „ankommt“ oder mißfällt.

Ich muß nur hinschauen, Schlüsse ziehen und – ja, das scheint mir das Wichtigste – grundsätzlich zur Selbstkritik bereit sein.

Wie so vieles ist dann alles andere reine Übungssache.

Was – Du bist abergläubisch?

Lachen Sie nicht – vielleicht sind Sie es auch! Viele sind es. Manche allerdings ganz unbewußt.

Dabei sollte ein gläubiger Mensch doch vom Aberglauben weit entfernt sein. Das ist jedoch ein großer Irrtum! Wir schleppen soviel heidnische Sitten mit uns herum:

Zum Beispiel ist da der Polterabend! Früher sollten durch den Lärm die Geister verscheucht werden.

Mit dem „verkehrten“ Bein aufstehen.

Sind Sie auch schon mal mit dem „verkehrten“ Bein aufgestanden? Und das noch am Freitag, dem 13.? Da muß doch einfach alles schiefgehen! Und wenn nicht, sehnt man es förmlich herbei.

Spinne am Vormittag.

Die Spinne am Vormittag hat eine ebenso böse Bedeutung wie die Schäfchen zur Rechten, die armen Viecher. Zur Linken – „Freude im Winken“ oder so ähnlich. Jedenfalls sind immer die Schafe schuld.

„Vögel, die früh singen, frißt abends die Katz.“

Na ja, Sie meinen, das hätte weniger mit Aberglauben zu tun als mit Lebensweisheit? Jedenfalls durfte ich als Kind morgens vor neun weder singen noch flöten oder brummen, ohne von meiner Mutter sofort darauf hingewiesen zu werden, daß ich am Abend von irgendeiner Katze gefressen würde.

Das Glück aus dem Hause fegen.

Und abends gefegt wird bei uns heute noch nicht. Weil meine Frau sagt, meine Mutter hätte behauptet, damit fege man das Glück aus dem Hause. Und wer würde das schon riskieren!

Wenn man stolpert, sollte man umkehren und das Stück noch einmal gehen. Warum ist mir im Augenblick entfallen, aber ich richte mich sowieso nicht danach.

Die schwarze Katze.

Bald hätte ich die schwarze Katze vergessen, die einem über den Weg läuft. Ganz schlaue Autofahrer versuchen, das durch Gasgeben zu verhindern. Ist die Katze jedoch schneller, fährt man eben einen anderen Weg, wenn es einen gibt.

Übrigens schellt es an der Tür. „Bitte schön – Sie wünschen?“ „Das wissen Sie doch. Ich bin Ihr Gläubiger.“ „Und was glauben Sie?“ „Daß ich mein Geld bekomme!“ „Glauben Sie das nicht. Das ist Aberglaube!“

Aber jetzt wieder ganz ernst:

Aberglaube ist eben nur Aberglaube. Ich bin nicht so dumm, an so etwas zu glauben! Moment mal, was fällt denn meiner Schwiegermutter plötzlich ein, am Abend die Küche zu fegen? „He – hör sofort damit auf! Du willst uns wohl das Glück aus dem Hause fegen?!“

Gut, daß ich aufgepaßt habe! Auch wenn ich nicht daran glaube – besser ist besser! Man kann ja nie wissen...

„Eigentlich“ bin ich gar nicht müde

Aber „uneigentlich“ doch! Oder? Was bin ich denn nun wirklich? Wenn ich die Augen nicht mehr offenhalten kann, bin ich nicht „eigentlich“ müde, sondern müde.

„Irgendwie“ finde ich das nicht in Ordnung! Wieso „irgendwie“? Ist es nach meiner Meinung in Ordnung oder ist es das nicht? „An und für sich“ schon, aber „irgendwie“ nicht.

Da fehlt doch der Mut, sich klar und bestimmt auszudrücken. Mit „eigentlich“, „irgendwie“, „an und für sich“ hat man stets eine Hintertür offen. Das ist „sozusagen“ der kleine Rettungsanker. Da kann man immer noch sagen, man hätte es ja nicht so gemeint.

Ich bezeichne das als *Angstworte,* wenn uns der klare Ausdruck zu direkt ist.

Angstworte, damit es unverbindlich klingt.

Modeworte sind etwas anderes. Die sind „echt Spitze“, „Klasse“ und so. Die gefallen einem nicht einfach, da hat man „einen Bock drauf“.

Ja, Modeworte sind schon „irre“! Aber um die geht es hier nicht. Denn Modeworte sollen erlaubt sein. Sie sind eine eigene Art, sich zu verständigen. Damit ist man unter sich, gehört dazu. Man ist modern – man ist „in“. Jedenfalls fühlt man sich so. Und das ist wichtig!

Mir geht es darum, auf die ,,Angstworte" hinzuweisen, die wir nicht gebrauchen, um ,,in" zu sein, sondern weil es uns an rhetorischem Rückgrat fehlt. Falls es sich nicht einfach um dumme Angewohnheiten handelt.

Denn dagegen kann man schließlich etwas tun.

Wenn man will! ---

Mein Standpunkt – Dein Standpunkt

„*Von meinem Standpunkt aus* sollten wir dem *Problem* mit Entschlossenheit und Härte zu Leibe rücken. Nur brutales Eingreifen kann zum gewünschten Erfolg führen. Daher schlage ich vor..."

Der „Standpunkt" des einen ist nur die eine Seite der Medaille.

Ob das „Problem" wirklich ein solches ist oder ob unsere Emotionen einen Sachverhalt dazu hochspielen, soll hier nicht untersucht werden. Mir geht es jetzt nur darum, die „Standortfrage" zu klären. Doch hören wir erst den anderen:

„Probleme" sind oft nur Schwierigkeiten, die unsere Gefühle zu „Problemen" hochspielen.

„Von meinem Standpunkt aus gesehen kann hier Brutalität nur schaden. Die Sache bedarf diplomatischen Geschickes.
Ich bin daher der Überzeugung, daß wir nur mit größtem Fingerspitzengefühl eine Chance haben..."

Sie kennen doch die Tatsache, daß man leicht dazu neigt, den Worten des einen Rechtsanwaltes beizupflichten, bis man die des zweiten hört. Auch diese klingen dann wieder so glaubhaft, daß man sofort zustimmen möchte, hätte man die Worte des ersten nicht noch im Ohr.

Wer nur die Argumente des einen hört, kann leicht zu falschen Schlüssen kommen.

Bevor wir ein endgültiges Urteil fällen, ist es also nötig, beide Seiten anzuhören.

Erst beide Seiten hören

Dann müssen wir die jeweiligen Argumente gewissenhaft prüfen und uns entscheiden.

Erst prüfen – dann entscheiden

Wahlen zu gewinnen scheint oft wichtiger zu sein, als dem Bürger zu nützen.

In der Parteipolitik wird das im Regelfalle nicht so gehandhabt. Wie würde es aussehen, wenn man durchaus richtigen Argumenten des politischen Gegners offen Beifall zollen würde? Hier spricht das Parteibuch leider vielfach eine größere Rolle als Sachkenntnis, wenn nicht sogar die entscheidende! Wenige Ausnahmen eingeschlossen.

Doch zurück zu unseren „Standpunkten". Zur *Verständigung mit dem anderen* gehört das *Verständnis für den anderen.*

Mein Vater wies mich immer wieder darauf hin, daß ich es lernen müsse, mich „objektiv" einzustellen. Er meinte damit, daß ein Gegenstand, ein Begriff, eine Tatsache aus der Sicht des anderen möglicherweise ganz anders aussehen könne.

So sagt der Kleinere:
„Wir müssen noch über *einen* Berg.
Dann liegt die Burg vor uns."

Der Größere jedoch antwortet:
„Nein – es sind *zwei* Berge,
Du Dummkopf!"

Würde sich der Größere „objektiv" einstellen, das heißt in die Rolle des Kleineren hineinversetzen, müßte er feststellen,

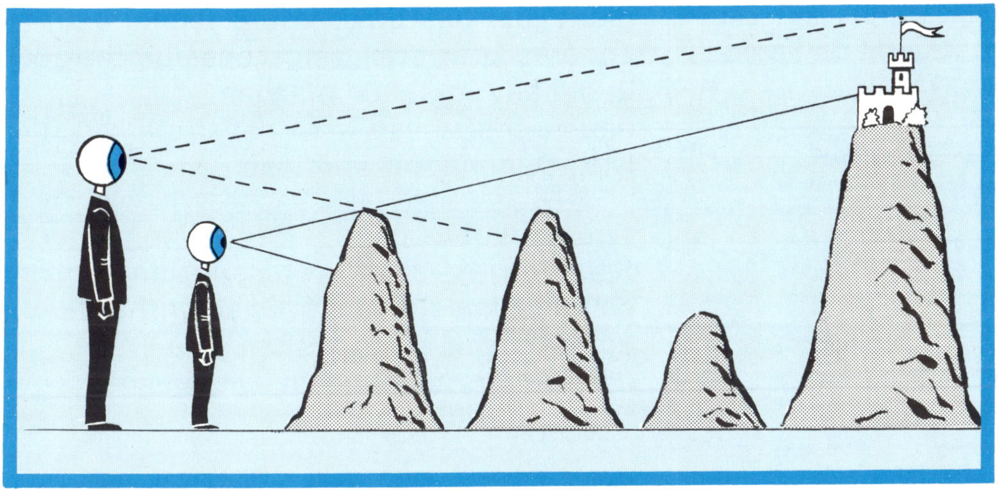

daß aus dieser Sicht, nämlich „von diesem Standpunkt aus", der zweite Berg nicht zu sehen ist. Er hätte dann Verständnis für die Aussage des anderen, die, um es genau zu nehmen, allerdings nicht korrekt ist.

Der Kleinere hätte sagen sollen: „Ich sehe noch einen Berg ..." oder „Wir müssen noch über einen Berg. Dann liegt die Burg vor uns – wenn da nicht noch andere Berge sind, die ich von hier aus nicht sehen kann."

Sagen Sie jetzt bitte nicht, ich sei ein Pedant und Kleinigkeitskrämer. Gerade an diesen „Kleinigkeiten" entzünden sich leicht die Gemüter. Weil es uns sehr oft nicht darauf ankommt, den Standpunkt des anderen – und damit seine Handlungsweise – zu verstehen, sondern schlicht recht zu haben.

Nebenbei konnte derjenige, der den anderen so vorschnell als „Dummkopf" bezeichnete, ja auch nur den zweiten,

Wer im Glaskasten sitzt, sollte nicht mit Steinen werfen.

nicht aber den dritten Berg sehen. Den anderen kritisieren, selbst aber falsche oder ungenaue Angaben machen,
hätte wenigstens einen ebenso starken Titel wie „Dummkopf" verdient!

Nun kommt es bei der Beurteilung einer Situation ja auch keinesfalls auf die „Größe" an, gleich wie man diesen Begriff auslegt. Es kann sich durchaus um eine Frage des *Standortes* handeln, wie uns das folgende Bild zeigt:

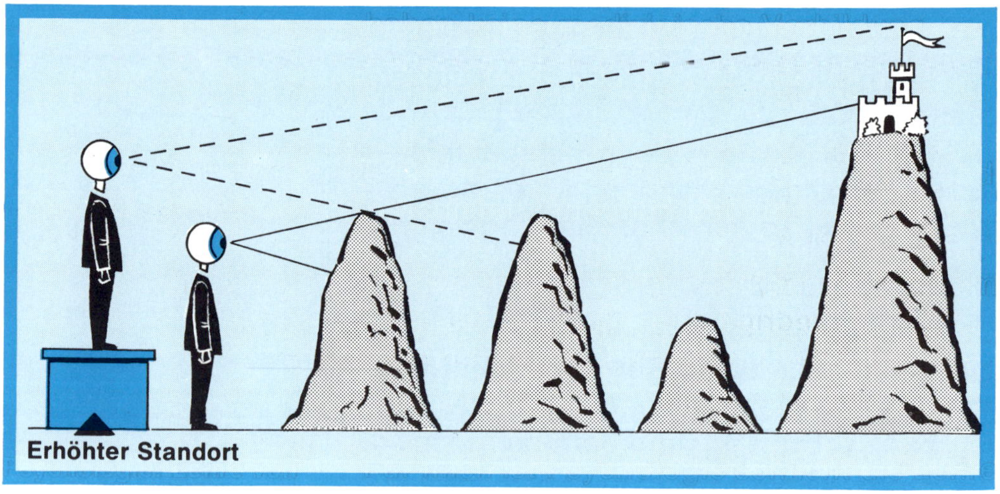

Der „Standpunkt" spielt in unserem täglichen Leben eine bedeutende Rolle. An ihm scheiden sich die Geister, zerbrechen Freundschaften.

Vielfach ist daran nicht einmal böser Wille schuld. Gründe können sein:
- Gedankenlosigkeit,
- mangelnde Fähigkeit, sich in die Lage des anderen zu versetzen,
- Angst, sein Gesicht zu verlieren,
- Unbeweglichkeit,
- Sturheit,

- der Wunsch, eine Sache schnell zu Ende zu bringen,
- Unsicherheit, weil man vom Fachbereich des anderen zu wenig versteht,
- Intoleranz und vieles mehr.

Welche Beispiele kennen Sie noch? –

Ein typischer Fall aus dem Geschäftsleben sind die vielzitierten unterschiedlichen Standpunkte der Kaufleute und der Techniker.

Nehmen wir einmal an, in einem Unternehmen würde jeder Bereich stur „von seinem Standpunkt" ausgehen und für die Belange der anderen nicht das geringste Verständnis aufbringen.

Das sähe dann so aus:
Der Einkauf schaut in erster Linie auf einen möglichst niedrigen Preis und einen recht hohen Rabatt. Die Technik will die besten Maschinen und Werkzeuge so schnell wie möglich. Die sind dem Einkauf zu teuer! Die Werbung möchte Anzeigenseiten, vierfarbig, über einen längeren Zeitraum herausbringen. Der Verkauf will kürzere Lieferzeiten, eine erweiterte Angebotspalette, viel mehr Ware am Lager und mehr Werbegeschenke statt Anzeigen. Die Entwicklung wünscht sich ein größeres Budget, während der Verkauf Teile des Wettbewerbs übernehmen möchte.
Ja, und die Finanz sitzt auf ihren „Kröten" und will für all das nichts herausrücken. –

Vielleicht ein wenig überspitzt dargestellt, keinesfalls jedoch „an den Haaren herbeigezogen".

In der Wirtschaft hat jeder Bereich das Recht und die Pflicht, die Sachlage von „seinem Standpunkt" aus zu beurteilen.

Ohne Verständnis und Rücksicht sowie Anpassung an die anderen Bereiche und die betriebliche Gesamtkonzeption ist ein Unternehmen jedoch nicht lebensfähig.

Moderne Unternehmen wecken und schulen das Verständnis für die Auffassung und die „Sorgen und Nöte“ *des anderen,* kurz: für seinen „Standpunkt“ sehr gewissenhaft. Ständiger Kontakt und Informationsfluß und die Bereitschaft *miteinander,* nicht aber *gegeneinander* zu arbeiten, schweißen die Bereiche und die in ihnen Tätigen zu echten „Teams“ zusammen. –

Natürlich gibt es auch Betriebe, in denen das nicht funktioniert.

Die Frage des „Verständnisses“ und der „Verständigung“ ist jedoch nicht auf das Geschäftsleben beschränkt.
Sie begegnet uns täglich, stündlich, in der Familie, beim Sport – eben überall da, wo Menschen sich treffen, ja miteinander leben.

Wenn wir verstehen, wie sehr wir auf das Verständnis anderer angewiesen sind, wird es leichter für uns sein, auch diesen Verständnis entgegenzubringen.

Dann kann *Dein Standpunkt* vielleicht sogar *mein Standpunkt* werden.

Des einen Eule...

...ist des anderen Nachtigall.

Was nichts anderes heißen soll, als daß ein und dasselbe Ding dem einen gefällt und dem anderen eben nicht.

„Die Geschmäcker der Publikümer" sind halt verschieden. So „liebt einer die Mutter und der andere die Tochter".
Aber was soll's? Schließlich ist das ja auch ganz gut so. Da finden Große und Kleine, Dicke und Dünne, Alte und Junge ihre „Abnehmer".

Gerade die Verschiedenartigkeit der „äußeren" (groß und klein...) und „inneren" (lebhaft und ruhig...) Menschen gestaltet unser Leben bunt und abwechslungsreich.

Solange wir nun keinen direkten Kontakt miteinander haben, fährst Du zur See und ich in die Berge. Wenn wir uns zufällig treffen, erzählen wir von unseren Erlebnissen. Hinterher denkt jeder von uns: „Alles gut und schön. Aber an Deinem Ferienort hielten mich keine zehn Pferde! Fahr Du ruhig wieder dahin. Ich bleibe da, wo es mir gefällt!"

Besteht zwischen uns aber eine enge Bindung, kann der unterschiedliche Geschmack zu einem ernsthaften Problem werden.

Lassen Sie mich etwas deutlicher auf die Schwierigkeiten eingehen, die aus der Verschiedenheit der ,,inneren" Menschen entstehen können.

Der ,,äußere" Mensch ist ja bekanntlich das, was wir von ihm sehen und hören: seine Figur, sein Gesicht, seine Bewegungen, seine Kleidung, seine Sprache.

Zum ,,inneren" Menschen gehört all das, was wir nicht sehen können:
der Charakter, die Veranlagungen,
die Auffassungsgabe, der Geschmack,
die Empfindungen, die Eigenschaften allgemein. Im einzelnen gehört dazu die Musikalität, wobei einer Mozart den Vorzug gibt, während ein anderer sich eher für Peter Kreuder erwärmen kann.

Ich zähle mal kunterbunt auf, was mir gerade in den Sinn kommt:

Der eine liebt die Malerei, der andere ist farbenblind. Einer schätzt elegante Kleidung, ein anderer ist immer ,,schlecht" angezogen. Hier liebt einer die Jägerei, ein weiterer wiederum mag keine Tiere töten.

Thomas ist ein Witzbold, Ernst ist ernst. Anne ist großzügig, Luise ist geizig. (Wobei eine Ähnlichkeit mit lebenden Personen gleichen Namens beabsichtigt und daher keinesfalls zufällig ist.)

Der Dicke dort ist gutmütig, der lange Dünne auf der anderen Seite ist ein alter Miesepeter. Egon kapiert blitzschnell, Eduard hat eine lange Leitung.
Rolf hat eine enorme Vorstellungsgabe, Nego dagegen ist eher phantasielos.

Nach dieser ziemlich langen Vorrede komme ich jetzt aber doch, für mich selbst völlig überraschend, zur Sache.

Alle Eigenschaften und Veranlagungen des Menschen nenne ich sein „Wesen".

Die Eigenschaften eines Menschen nenne ich schlicht und einfach sein „Wesen". Dieses setze ich gleichbedeutend für den „inneren" Menschen. All das könnte man auch komplizierter ausdrücken und mit hübschen Fremdwörtern schmücken. Ich möchte jedoch auch von einfachen Menschen, die nicht studiert haben, verstanden werden. So wähle ich meine eigene Sprache.

Im „Wesen" enthalten ist also auch eine sehr wichtige Eigenschaft, nämlich die Vorstellungsgabe. Und genau das ist der Punkt, um den es sich hier dreht.

Die Mutter schickt Kleinsuse zum Kaufmann. Mit einem Zettel. Und sie meint so halb im Spaß: „Bring mir doch etwas Schönes mit!"

Susi bringt einen Lutscher. Weil der für sie etwas „Schönes" ist. Mama lacht und alles ist gut.

Anders aber im Geschäftsleben. Da verläßt man sich besser nicht darauf, daß „das schon gutgeht". Technische Zeichnungen, von Konstrukteuren sorgfältig erstellt, legen die Ausführung des anzufertigenden Stückes eindeutig fest. Aber wenn ich einem neuen Mitarbeiter, dem sein Zeugnis besondere Fähigkeiten bescheinigt, eine Aufgabe stelle, die er selbständig lösen soll, kann es vorkommen, daß da plötzlich etwas herauskommt, was ich mir „ganz anders" vorgestellt habe.

Unter den Begriffen „richtig" und „schön" stellt sich jeder etwas anderes vor.

Wie kann das kommen?

1. Das ,,Wesen" des Neuen unterscheidet sich stark von meinem.

2. Das ,,Wesen" dessen, der das Zeugnis schrieb, ist ganz anders als meines.

Selbstverständlich ist dieses Thema auch im täglichen Alltag überall anzutreffen.

,,Die Heizung muß richtig eingestellt werden!" ,,O. K."
Später: ,,Mann, ist das kalt hier!"
Antwort: ,,Ich sollte doch die Heizung richtig einstellen. Und da es mir zu warm war..."

Oder:
,,Der Prospektentwurf ist prima. Nur sollten wir ihn etwas lebhafter gestalten. Ich denke da an eine zarte Farbe. – Na, Sie werden das schon machen. Wenn ich vom Urlaub zurück bin, legen Sie mir bitte die fertige Ausführung vor. Also – dann!"

Später:
,,Ach du lieber Heinrich – wie kommen Sie nur auf die Schnapsidee, den Prospekt in rosa auszulegen?! Das sieht ja scheußlich aus!!"

Wo liegt der Fehler – und wer hat ihn begangen?

Nein, nicht der Ausführende. Der hat nach bestem Wissen und Gewissen gehandelt.

Schuld hat der Auftraggeber, der das ,,Wesen" des anderen nicht genügend berücksichtigt hat.

Der ,,Wesensstern" wird uns helfen, ein solches Risiko künftig möglichst zu vermeiden. –

Der Wesensstern

Er soll uns helfen, unnötige und oft durchaus vermeidbare Schwierigkeiten in der täglichen Begegnung weitgehend auszuschließen.

Durch „Früherkennung", wenn wir das „Miteinander" noch vor uns haben.

Durch „Besinnung", wenn wir schon „mittendrin stecken".

Natürlich gibt es auch hier genügend „wenns" und „abers", die den Zauderern unter uns stets als willkommene Ausrede für mangelnde Selbsterkenntnis und fehlende Entschlußkraft dienen.

Immer wieder gilt jedoch für uns der Leitsatz

Wo ein Wille – da auch ein Weg

Also gehen wir munter ans Werk.

Es geht darum festzustellen, ob wir zueinander passen. Dieser Frage wird erstaunlicherweise in vielen Bereichen gar kein oder nur ein geringer Wert beigemessen.

So ist für manchen Personalleiter die fachliche Eignung viel wichtiger als die menschliche Verträglichkeit.

Mitarbeiter werden oft nur nach fachlichen Gesichtspunkten beurteilt.

Die Entschuldigung: „Das merkt man doch *immer* erst später!“ ist zwar nicht ganz von der Hand zu weisen, zeugt aber auch sehr oft nur von der Hilflosigkeit des Vorgesetzten.

Der weiß zwar aus Erfahrung, daß sich Bewerber normalerweise mit ihrem Sonntagsgesicht vorstellen. Darüber hinaus bleibt ihm jedoch nur die Hoffnung, daß sich „der Neue“ gut in seine neue Umgebung einfügt und auch von den Arbeitskollegen „angenommen“ wird.

Der richtige und vor allem rechtzeitige Gebrauch des Wesenssterns erspart den „Beteiligten“ spätere Enttäuschung.

Der Wesensstern kann sowohl dem Betrieb als auch dem Arbeitssuchenden spätere Enttäuschungen ersparen. Voraussetzung dafür ist gute Menschenkenntnis des Personalleiters, der in einem offenen Gespräch die zur Urteilsfindung notwendigen Signale herausfinden muß.

Wir brauchen den Wesensstern als Hilfe im Berufsleben, im Privathaushalt, bei Freundschaften, gemeinsamen Reisen, in Ehen und Wohngemeinschaften – kurz, überall da, wo Menschen zusammentreffen und auf ein gutes Verhältnis zueinander und miteinander angewiesen sind.

Wesenszug stark ausgeprägt = langer Strahl.

Wesenszug schwach ausgeprägt = kurzer Strahl.

Jeder Strahl entspricht einem Wesenszug. Je ausgeprägter der Wesenszug, um so länger der Strahl.

Der Vergleich der Länge Deiner Strahlen mit der Länge meiner Strahlen zeigt, welche unserer Wesenszüge zueinander passen und welche sich abstoßen.

Zur Beurteilung eines Wesenszuges im Vergleich mit dem des Partners wenden wir das

10-Punkte-System

an.

Das sieht so aus:

10 Punkte vergeben wir für den optimalen Zustand.

0 Punkte, wenn der bestimmte Wesenszug völlig fehlt.

Bei Musikalität hieße das:

10 Punkte für Karajan

0 Punkte für einen Bekannten von mir, dessen Namen ich doch lieber verschweigen möchte. Fest steht nur, daß er für Musik nicht das geringste Verständnis hat.

Oder im sportlichen Bereich:

10 Punkte für den Vollblutsportler, der selbst erfolgreich Leistungssport betreibt,

8 Punkte für den „ziemlich guten“ Typ, der auch Sportnachrichten hört und regelmäßig zum Sportplatz geht.

6 Punkte für den Durchschnittssportler, der den Sport nicht regelmäßig betreibt und auch mal eine sportliche Veranstaltung „schwänzt“.

4 Punkte für den eher Unsportlichen, der gelegentlich, zum Beispiel im Urlaub, mal Tennis- oder Skiversuche macht. Der „zur Gesellschaft" mal mit auf den Sportplatz geht und auch nicht „knurrt", wenn der Partner die Sportschau etwas zu laut aufgedreht hat.

2 Punkte für den Unsportlichen, der weder Sport betreibt, noch an sportlichen Begebenheiten sonderlich interessiert ist. Auch die Sportberichte muß er nicht unbedingt hören.

0 Punkte für den sogenannten „Anti-Sportler". Er hat weder körperliche Voraussetzungen noch das geringste Interesse für sportliche Begebenheiten jeglicher Art. Läuft das Sportprogramm, verläßt er protestierend den Raum. Sportler sind für ihn „arme Irre".

So wie in diesem Beispiel geschildert, versuchen wir auch alle anderen Wesenszüge mit Punkten zu versehen.

Nach bestem Wissen und Gewissen natürlich, wobei es keine Sünde ist, ein oder zwei Punkte mehr oder weniger zu verteilen.

Es geht ja auch nicht um kleine Abweichungen, sondern darum, die großen Unterschiede, falls vorhanden, deutlich zu machen.

Und nun schauen wir uns einmal den Wesensstern an:

BESTELLKARTE Bitte liefern Sie gegen Rechnung zuzüglich Versandkosten

Menge	Titel-Nr.	Titel	DM
		NEUERSCHEINUNGEN	
	788	**Buckle, Nijinsky**	**98,—**
	796	**(Kombipreis für Nijinsky und Diaghilew)**	**168,—**
	797	**Bangemann, Zukunft des Arbeitsmarktes**	**ca. 24,—**
	777	**Buddenberg (Hrsg.) Umbrüche**	**36,—**
	792	**Breuel, Den Menschen nicht vergessen**	**19,80**
	779	**Green, Meine entflohenen Tage**	**38,—**
	787	**Hasenclever, Erfolg per Du**	**28,—**
	791	**Jobst, Zukunftssicherung mit Pfiff**	**36,—**
	784	**Lorenzen, Dorfgrün**	**32,—**
	785	**Maclean, Clan-Geschichten**	**36,—**
	776	**Parrey, William Morris**	**148,—**
	733	**Priewe, Italiens Weine**	**98,—**
	783	**Steiner, Einladung zum Verweilen**	**19,80,—**
	795	**Wagenlehner, Abschied vom Kommunismus**	**42,—**
	773	**Weisser, Strategie im Umbruch**	**32,—**
	789	**Zimmerer, Wir Wirtschaftswunderknaben sind älter geworden**	**38,—**
		POLITIK + ZEITGESCHICHTE / GESCHICHTE	
	756	Binder, Spione – Verräter – Patrioten	48,—
	722	Buber-Neumann, Gefangene bei Stalin und Hitler	46,—
	685	Eddy/Linklater/Gillman, Falkland	48,—
	760	Hubatschek, Strategie	38,—
	759	Huntemann, Himmel auf Erden	24,—
	742	Jastrow, SDI	36,—
	721	Kielmansegg/Weggel, Unbesiegbar?	42,—
	725	Maclean, Von Männern, Kampf und Mächten	48,—
	758	Schnuer, Bildungskatastrophe	28,—
	723	Steinbuch, Unsere manipulierte Demokratie	42,—
	761	Steinbuch, Schluß mit der ideologischen Verwüstung	34,—
	684	Wapshott/Brock, Margaret Thatcher	38,—
	636	Vossen, Maria von Burgund	25,—
	708	Zanetti, Der Friedenskaiser – Friedrich III.	49,80

Menge	Titel-Nr.	Titel	DM
		WIRTSCHAFT	
	649	Denckler, Reichwerden kann man lernen	29,80
	740	Hasenclever, Erfolg kann man lernen	28,—
	753	Jobst, Aktien	34,—
	674	Kostolany, Kostolany's Notizbuch	29,80
	639	Kostolany, Wunderland von Geld und Börse	48,—
	750	Leysen, Krisen	28,—
	687	Neubauer, Augentrost für Manager	29,80
	699	Zimmerer, Hammer sein – nicht Amboß	38,—
		REISEN / WANDERN / NATUR / SPORT	
	729	Carstens, Wanderungen in Deutschland	36,—
	755	Dohna, Schönborn, Sayn-Wittgenstein-Sayn Private Gartenkunst in Deutschland	148,—
	763	Maclean, Schottland	42,—
	682	Lorenz/Mündl, Noah würde Segel setzen	39,80
	814	Sherwood, Orient-Express	68,—
	732	Vahl, Reisen	44,—
	702	Irwin, Besser Golf spielen mit Hale Irwin	58,—
	748	Linke, Orientierung mit Karte und Kompaß	28,—
	738	Knopp, Astronomische Navigation	48,—
	765	Varigas, Durch die weiße Hölle	32,—
		BÜHNE + FILM / KLEINE BÜCHEREI	
	815	Buckle, Diaghilew	98,—
	766	Hebbel, Paris	20,—
	727	Heinzlmeier/Menningen/Schulz, Die großen Stars des deutschen Kinos	39,80
	813	Spada/Zeno, Marilyn Monroe	68,—
	747	Sagan, Botero	26,—
	050	Mörike, Gedichte	20,—
	051	Platen, Gedichte	20,—
	052	Ridinger, Die kleine Reitschule	20,—
	056	Eichendorff, Gedichte	20,—

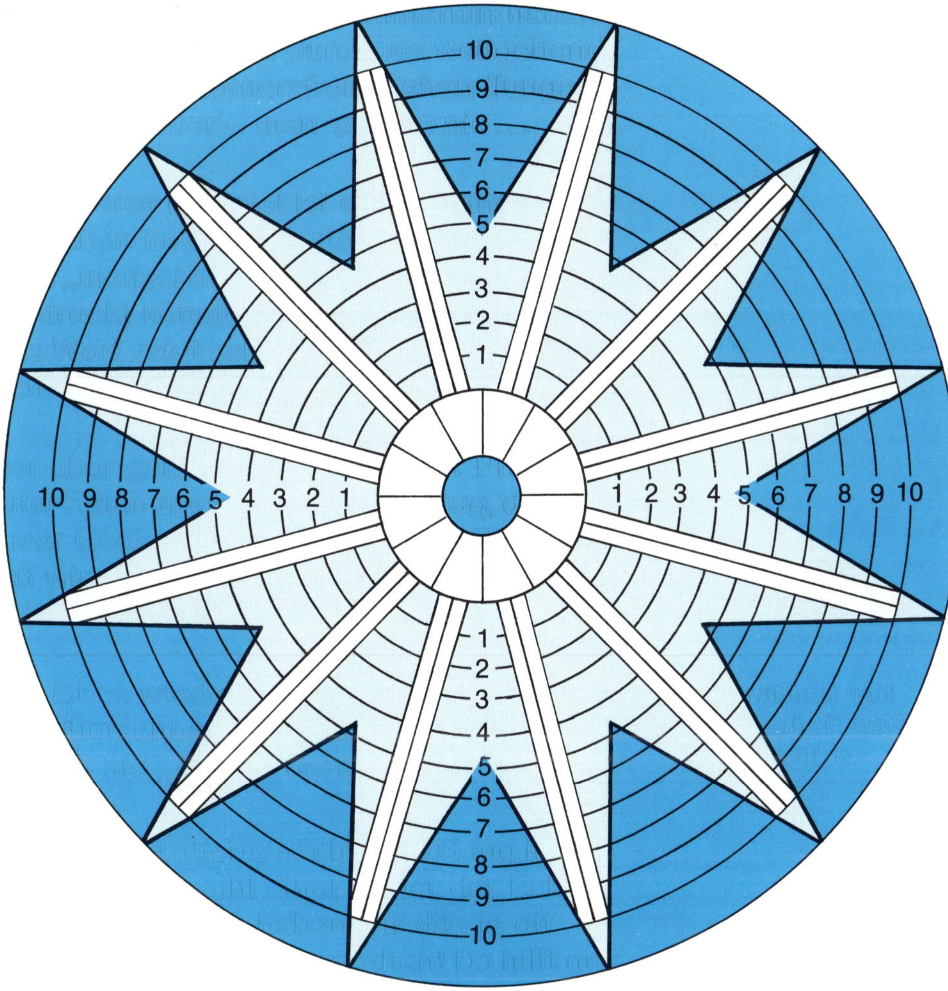

Das ist er, der Wesensstern. In jedem Strahl befinden sich zwei weiße Felder.

Du nimmst das eine Feld, ich nehme das andere.

Du machst einen geraden Strich, ich eine Schlangenlinie. Oder umgekehrt.

Wenn wir's wieder ausradieren wollen – mit einem Bleistift. Wenn nicht, sieht es mit Farben netter aus. Dann können wir ja auch beide gerade Striche machen.

Zur Unterscheidung: Schlangenlinie und Strich, wenn einfarbig – zwei Striche, wenn mehrfarbig.

Die Zahlen in den Ringen zeigen die Länge unserer Striche an, die der Punktezahl entspricht, welche wir dem jeweiligen Wesenszug zuerkannt haben.

Hier zeige ich eine Tabelle mit wichtigen Wesenszügen:

Wesenszug	Kennbuchstabe	1	2	3	4	5	6	7	8	9	10
Ehrlichkeit											
Selbstkritik											
Freundlichkeit											
Fleiß											
Sauberkeit											
Humor											
Verschwiegenheit											
Zuverlässigkeit											
Toleranz											
Hilfsbereitschaft											
Auffassungsgabe											
Entschlußkraft											
Genauigkeit											
Pünktlichkeit											
Menschenkenntnis											
Bescheidenheit											
Beharrlichkeit											
Manuelle Begabung											
Musikalität											
Kunstverständnis											
Empfindlichkeit											
Herrschsucht											
Treue											

Bitte ergänzen Sie!

Geben Sie den Wesenszügen in der Tabelle Kennbuchstaben (A, B, C...), die Sie später in die inneren Felder des Wesenssterns eintragen. Damit Sie wissen, welchen Wesenszug der Strahl ausdrücken soll.

Schreiben Sie vorher die Wesenszüge auf, die Sie eintragen wollen, wenn die nicht in der Tabelle stehen. Verwenden Sie Buchstaben nach Ihrem Geschmack.

Natürlich können Sie die Tabelle nach Belieben ergänzen.

Die Reihenfolge meiner Aufzählung soll übrigens kein Wertmaßstab sein.

Auch rate ich dringend, beim Vergleich der Wesenszüge möglichst von einer Wertung abzusehen. Bemerkungen wie „Wer morgens früh aufsteht ist gut, wer lange schläft ist schlecht" sind sachlich falsch und schaffen nur zusätzliche Spannungen. Gerade die aber wollen wir ja vermeiden.

Vermeiden Sie beim Vergleich der Wesenszüge, diese zu bewerten!

Nachstehend einige Menschentypen, wie wir sie alle kennen.

Auch die können, da sie von ganz bestimmten Wesenszügen geprägt sind, zum Vergleich in den Wesensstern eingetragen werden.

Der Tagmensch	*Der Nachtmensch*
Steht früh auf und geht früh schlafen	Steht spät auf, wird abends erst richtig munter und geht spät schlafen. Typischer „Morgenmuffel".

DerFeinschmecker

Liebt gutes Essen, legt Wert auf schmackhafte Zubereitung, schätzt exotische Gewürze und phantasievolle Aufmachung sowie passende Getränke, kocht vielleicht selbst und probiert gern neue Rezepte aus.

Der Genußmuffel

Ißt nur, was er kennt, kocht nur, was er mag, bevorzugt Hausmannskost, macht keine Experimente, deckt einfach, oft phantasielos, bringt auch mal unpassende Getränke auf den Tisch.

Der Treue

Ist treu und verlangt meist auch Treue.

Der Untreue

Gibt entweder dem anderen auch Freiheit, die der vielleicht gar nicht will oder verlangt seinerseits vom anderen absolute Treue.

Der Pedant

Genauigkeitsfanatiker, Kleinigkeitskrämer, alles muß „gerade hängen" und „stimmen".

Der Gleichgültige

Ihm ist es „Wurscht", ob ein Bild schief hängt, Ordnung ist nicht seine Stärke. Der Pedant fällt ihm auf die Nerven.

Der Eifersüchtige

Kann selbst treu oder auch untreu sein. Jedenfalls verträgt er beim Partner nicht den leisesten Anschein der Untreue. Er ist äußerst mißtrauisch und eifersüchtig auf alles, was nur in die Nähe des Partners kommt. Seine Phantasie ist dabei grenzenlos.

Der Großzügige

Traut dem anderen keine Untreue zu, oder sie macht ihm nichts aus. Er kann selbst treu sein, muß es aber nicht und wundert sich über die Eifersucht des anderen.

Der Ehrgeizige

Er muß der Erste sein, im Beruf und in der Politik und der Beste im Sport. Er gibt sich nicht so leicht zufrieden und strebt ständig nach Höherem.

Der Bescheidene

Findet sich mit seinem Schicksal ab, fühlt sich auch im zweiten und dritten Glied wohl.

Der Herrschsüchtige

Ist unnachgiebig, will den Ton angeben, neigt zur Rechthaberei.

Der Demütige

Gibt gern nach, fügt sich und fühlt sich in der Unterlegenheit zufrieden.

Und jetzt noch ein paar Gegenüberstellungen in Kurzform:

Der Reiselustige	*Das Heimchen am Herd*
Der Empfindliche	*Der Unempfindliche*
Der Gute	*Der Böse*
Der Temperamentvolle	*Der Temperamentlose*
Der Geizige	*Der Großzügige*
Der Sexprotz	*Der Sexmuffel*
Der Pünktliche	*Der Unpünktliche*
Der Witzbold	*Der Humorlose*
Der Ehrliche	*Der Lügner*
Der Kluge	*Der Dumme*
Der Mutige	*Der Feige*
Der Gläubige	*Der Ungläubige*
Der Korrekte	*Der Schlampige*
Der Freundliche	*Der Unfreundliche*
Der Egoist	*Der Menschenfreund*

Soweit meine Vorschläge.
Es liegt bei Ihnen, diese Liste nach Belieben zu ergänzen.

Aus der Gegenüberstellung ist ersichtlich, daß es Wesenszüge gibt, die sich nicht miteinander vertragen. Ehrlichkeit und Verlogenheit beispielsweise. Andere jedoch ergänzen sich. Ein mutiger Mann kann eine Lebensaufgabe darin sehen, eine ängstliche Frau zu beschützen, die wiederum in seinen Armen Geborgenheit findet.

Auch gleiche Wesenszüge können sich im Wege stehen. So ist bei zwei herrschsüchtigen Partnern ein ständiger Machtkampf unvermeidlich.

Ein ehrgeiziger und ein bescheidener Mensch können sich übrigens durchaus vertragen, da der Bescheidene dem Ehrgeizigen seinen Erfolg gönnt und nicht streitig macht.

Selbstverständlich können wir vom andern nur das eintragen, was wir wissen oder aufgrund von Merkmalen glauben, annehmen zu müssen.

Hierbei kommt es darauf an, daß wir uns auf die Wesenszüge beschränken, die ein harmonisches Miteinander empfindlich stören könnten.

Allerdings ist es falsch, sogenannte „Kleinigkeiten" zu unterschätzen, denn gerade die sind es, die uns das Leben häufig schwerer machen als die „Großigkeiten". –

„Kleinigkeiten" führen oft zu größeren Schwierigkeiten als „Großigkeiten".

Beim Vergleich der Wesenszüge müssen wir sowohl von der einen Bezugsperson ausgehen als auch von der anderen. Das heißt: Wenn ich nur prüfe, ob die Wesenszüge des anderen mit meinen übereinstimmen und mich nicht dafür interessiere, ob meine Eigenarten zu ihm oder ihr passen, kann ich böse Überraschungen erleben.

Also bitte keinen Egoismus. Zumal der sehr dumm wäre! Nur wenn die Fragen „Paßt diese meine Eigenschaft zu ihm?" und „Paßt seine Eigenart zu mir?" gestellt und beantwortet werden, ziehen wir optimalen Nutzen aus dem Wesensstern.

**Passe ich zu Dir?
Paßt Du zu mir?**

Die Summe der Wesenszüge formt das Gesamtbild.

Besonders wichtig ist es, das Zusammenwirken mehrerer Wesenszüge zu beachten.

Ein Mensch, der sich durch gute Menschenkenntnis, Entschlußkraft und Beharrlichkeit auszeichnet, dabei jedoch zur Unehrlichkeit neigt, ist viel gefährlicher als ein liebenswürdiges Dummchen oder ein trotteliger und manuell unbegabter Langschläfer.

Der Wesensstern als Gesellschaftsspiel.

Selbstverständlich können Sie den Wesensstern auch für Gesellschaftsspiele benutzen. „Wer paßt zu wem?" läßt sich mit seiner Hilfe recht gut ermitteln, vorausgesetzt man bekennt seine Tugenden und Untugenden den Mitspielern ehrlich.

Die Tatsache, daß der Wesensstern zwölf Strahlen hat, ist natürlich keinesfalls für Sie eine Verpflichtung, sich all dieser Strahlen zu bedienen. Vielleicht genügt Ihnen der Vergleich von nur fünf oder acht Wesenszügen.

Sollten Sie mit zwölf Strahlen nicht auskommen, so verwenden Sie einfach mehrere Wesenssterne.

Vor allem die „kritischen" Wesenszüge beachten.

Im „Ernstfall", z. B. im Beruf oder vor einer festen Bindung zwischen Mann und Frau, genügen die „kritischen", also diejenigen, die zu ernsthaften Schwierigkeiten führen können. Weil wir auf diesem oder jenem Gebiet „keinen Spaß verstehen" oder unsere „Macke" haben.

Und damit Sie sehen, wie einfach es ist, sich des Wesenssterns zu bedienen, wollen wir es jetzt einmal gemeinsam versuchen.

Nehmen wir einmal an, wir wollten miteinander 14 Tage Urlaub in den Alpen machen. Nehmen wir weiter an, unsere Wesenszüge sähen etwa so aus:

(Du nimmst den Buntstift.)

Wesenszug	Kennbuchstabe	1	2	3	4	5	6	7	8	9	10
Ehrlichkeit	A										
Freundlichkeit	B										
Humor	C										
Frühaufsteher	D										
Raucher	E										
Hilfsbereitschaft	F										
Empfindlichkeit	G										

Begnügen wir uns in diesem Beispiel mit den sieben Wesenszügen, die wir mit den Buchstaben A bis G gekennzeichnet haben.

Übrigens noch ein Hinweis:
Es ist im Prinzip gleich, ob wir dem leidenschaftlichen Raucher 10 Punkte geben oder dem Nichtraucher. Die hohe Punktzahl zeigt ja ausschließlich an, wie ausgeprägt dieser Wesenszug ist.

Widersprechen sich zwei Eigenschaften, so geben wir einer davon, wenn sie voll ausgeprägt ist, 10 Punkte.

Also nicht: 10 Punkte = gut
0 Punkte = schlecht

Hauptsache man erkennt, ob Übereinstimmung oder Gegensatz.

In der vorstehenden Tabelle haben wir Deine und meine Wesenszüge farblich unterschiedlich vermerkt. Nun tragen wir diese in den Wesensstern ein.

Dabei nehmen wir die gleichen Farben wie in der Tabelle.

In die Felder in der Mitte des Wesenssterns schreiben wir die Kennbuchstaben der jeweiligen Wesenszüge unter die entsprechenden Strahlen.

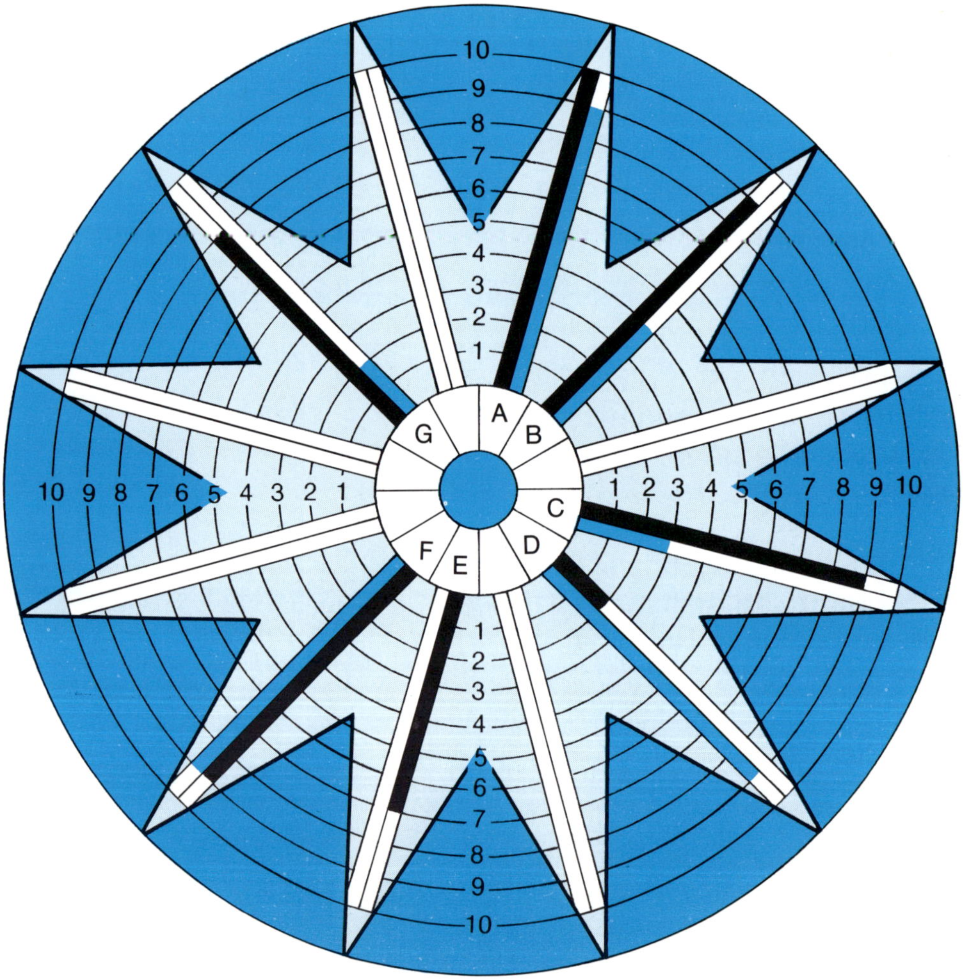

So, mein Freund, das wär's!

Jetzt wissen wir also, woran wir miteinander sind.

Ich verweise nochmal darauf, daß es sich hier nur um ein willkürlich angenommenes Beispiel handelt. Es soll ausschließlich die Handhabung des Wesenssterns demonstrieren. In der Praxis kann das selbstverständlich ganz anders aussehen.

Trotzdem sollten wir uns, träfe das Beispiel zu, sehr genau überlegen, ob es nicht besser wäre, auf den gemeinsamen Urlaub zu verzichten.

Der Wesensstern ist für Dich und für mich. Der nüchterne Techniker und der streßgeplagte Personalleiter werden sich vielleicht mit der Vergleichstabelle begnügen.

Eine abschließende Bemerkung sei mir gestattet:

Der Wesensstern soll

... unsere Gedanken bildhaft machen,
... Unbewußtes bewußt machen,
... mögliche Schwierigkeiten vorher aufzeigen,
... Risiken kalkulierbar machen,
... durch Früherkennung das Aufstauen von Emotionen vermeiden,
... das Zusammenleben erträglicher, ja erfreulicher machen.

Manche Ehen müßten nicht scheitern, ja sie würden gar nicht erst geschlossen, wenn beide Partner ernsthaft – und vor allem rechtzeitig – ihren Wesensstern zu Rate ziehen würden.

Bleibt mir nur noch übrig, Ihnen bei seiner Anwendung viel Erfolg zu wünschen! –

Das habe ich mir aber ganz anders vorgestellt!

Wie oft haben wir diesen Satz schon gehört – oder selber gesagt?!

Es ist aber auch zum Verzweifeln:
Da hat man sich die Sache so schön vorgestellt – und dann kommt alles ganz anders.

Viele entschuldigen das achselzuckend mit dem schönen Satz: „Der Mensch denkt und Gott lenkt." Aber so einfach sollten wir uns das nicht machen.

Wie wäre es, wenn wir erst einmal den lieben Gott aus dem Spiel lassen und uns die Frage stellen würden, warum die eingetretene Situation nicht mit unseren Vorstellungen übereinstimmt? Gott läßt uns nämlich viel Freiheit. Außerdem hat er uns mit der Gabe zu denken vor den Tieren ausgezeichnet. Also sollten wir auch davon Gebrauch machen!

„Das habe ich mir aber ganz anders vorgestellt!" sagt doch deutlich aus, daß wir mit dem, was eingetreten ist, nicht zufrieden sind. Weil es nicht dem entspricht, was wir uns vorgestellt haben.

Da unsere Meteorologen über die besondere Begabung verfügen, uns mit absoluter Sicherheit mitzuteilen, wie das Wetter gestern war, wäre dieses Beispiel wirklich ein Thema für den lieben Gott.

Mir kommt es an dieser Stelle jedoch darauf an, mit Ihnen über Fälle zu sprechen, die unserem menschlichen Beeinflussungsvermögen unterliegen. Solche, die uns täglich begegnen können. Bei denen wir uns etwas vorstellen, in der Hoffnung, daß es genauso eintrifft. Wir können auch von „Erwartungen" sprechen.

Hier geht es um Fälle, die wir beeinflussen können.

Nun neigen wir ja wohl dazu, unsere Erwartungen bisweilen ein wenig zu hoch zu schrauben. Um so größer ist dann die Enttäuschung.

„Eigentlich" (Sie wissen, wie ungern ich diesen Ausdruck gebrauche) ist das ja unlogisch. Denn das, was wir erleben, ist Realität. Das jedoch, was wir erwarten, ist nur eine Vorstellung.

Wir geben aber unserer Erwartung vielfach mehr Gewicht. Weil wir uns „wünschen", daß es so kommen möge. „Wunschdenken" nennt man das.

Wunschdenken.

In Wirklichkeit sind die Geschehnisse nackte Tatsachen. Bei nüchternem Denken und „gebremsten" Erwartungen könnten wir uns manche spätere Enttäuschung ersparen.

Falsche Erwartungen führen zu späteren Enttäuschungen.

Der Fehler liegt also eindeutig nicht an dem, was später geschieht, sondern an unseren vom Wunschdenken geprägten falschen Erwartungen!

Sehr unangenehm kann das auch bei Gesprächen sein, wenn jeder vom Gesprächsergebnis andere Vorstellungen hat. Das kann dann zu harten Diskussionen führen, bei denen keiner nachgeben möchte, weil er nicht von seinem Standpunkt abrücken will.

Hier siegt entweder der mit der stärkeren Position, während der Verlierer frustriert den Raum verläßt, oder beide bleiben stur, und das Gespräch verläuft im Sande.

Ich schlage vor, wir behandeln dieses Thema etwas ausführlicher. Es lohnt sich nämlich!

Was also geschieht im „Normalfalle"?

Peter möchte ein Grundstück kaufen. Walter, der ein solches besitzt, ist nicht abgeneigt, es zu verkaufen.

Peter kann 30000 DM auftreiben. Mehr will er auch unter gar keinen Umständen ausgeben.

Walter geht es recht gut. Er ist keineswegs darauf angewiesen, dieses Grundstück zu veräußern. Obwohl er selbst dafür keine rechte Verwendung hat.

Nach einer längeren Unterhaltung mit seiner Frau beschließen die beiden, es unter 50 000 DM nicht herzugeben.

Peter und Walter haben miteinander telefoniert. „Hallo, Walter! Hier ist Peter. Sag mal, das Grundstück in der Südstraße – ich interessiere mich dafür." „Grüß Dich, Peter! Ja, weißt Du, ich will ja nicht unbedingt verkaufen, aber wenn Du Interesse hast..." „Ja – habe ich. Morgen abend könnte ich mal vorbeikommen. So gegen 20 Uhr. Übrigens – was soll denn die Sache kosten?" „Darüber können wir morgen reden. Wir werden uns schon einig! Also dann bis morgen!"

Vogel-Strauß-Politik: Einfach den Kopf in den Sand stecken und hoffen, daß „alles gut geht".

So weit – so gut! Vom Preis war keine Rede. Na ja, das wird man dann morgen schon sehen. Man weiß ja, was man will!

Am nächsten Abend treffen sich die beiden. Veronika bringt Bier und die Unterhaltung beginnt. Erst mal übers Wetter, dann über die Benzinpreise und nach einer Stunde kommt man dann zum Thema.

Auch das geht erst mal überraschend gut. Schnell sind sich die beiden einig, was das Allgemeine betrifft. Nach kurzem peinlichen Schweigen geht's dann los: „Na ja, dann ist ja alles in Ordnung. Was ich noch sagen wollte – wie ist denn das mit dem Preis?" „Ja – wie das so üblich ist. Du weißt ja, was hier die Grundstücke kosten." „Ja, ja. Gut, na dann!"

Und wieder greift man zum Bierglas. Bis dann Walter fragt: „Und was ist Dir der Spaß wert?" Da muß Peter wohl endlich mit der Sprache raus: „Ich dachte an 25 000 bis 30 000!"

Walter nun leicht irritiert:
„Ha, ha! Dafür würde ich es selber nehmen!
Also – unter 50 geht es nicht weg!“

Bumms! Das saß!! Den Rest können Sie sich denken. Beide waren sich in frommem Selbstbetrug ihrer Sache ziemlich sicher gewesen. Die Stunde war vorgerückt, das Bier kühl und lecker, die Stimmung richtig prima – bis der Preis auf den Tisch kam.

Man trennt sich verkatert, ohne sich nähergekommen zu sein. –

Solche und ähnliche Gespräche finden im Alltag öfter statt, als man glaubt:

Der Junge möchte – das Mädchen nicht. Oder umgekehrt.

Der Angestellte will mehr Gehalt – der Chef ist anderer Meinung.

Herr Schneider würde die Grenze zum Nachbargrundstück gerne korrigieren – der Nachbar ist stur.

Dem Kunden ist die Lieferzeit zu lang – der Lieferant gibt vor, nicht eher zu können.

Und so weiter!

Jetzt wollen wir das Geschehen doch mal unter die große Lupe nehmen:

An einem Gespräch sind mindestens zwei Personen beteiligt. (Selbstgespräche ausgeschlossen!)

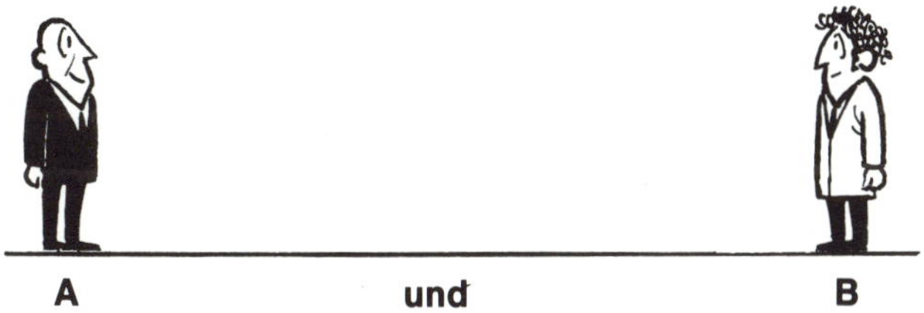

Jeder hat einen Ausgangspunkt.

Jeder möchte vom anderen soviel wie möglich.

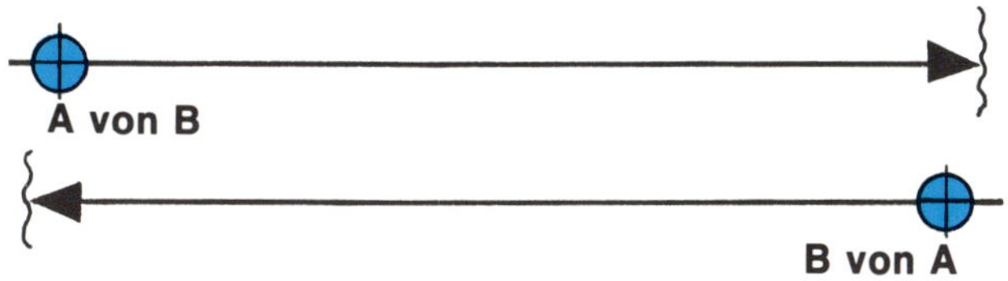

Die Unterhaltung wäre schnell beendet,
wenn A von B alles will,
und B alles hergeben möchte.

Oder umgekehrt.

Oder man trifft sich in der Mitte.

Wenn aber der eine mehr will als der andere bereit ist zu geben, wird's schwierig!

Auch geht es durchaus nicht immer um „mehr" oder „weniger". Auch ganz „andere" Vorstellungen des einen können den anderen zu heftigem Widerstand herausfordern.

Beide haben gleichgerichtete Vorstellungen.

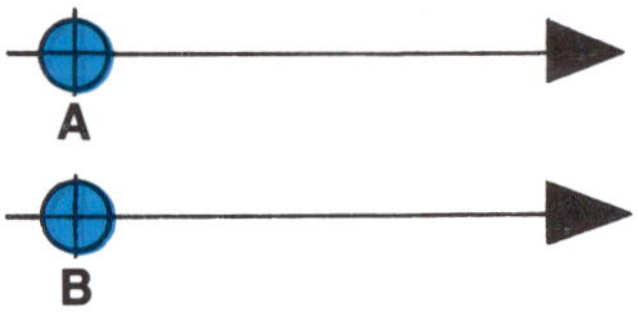

Hier widersprechen sich die Erwartungen.

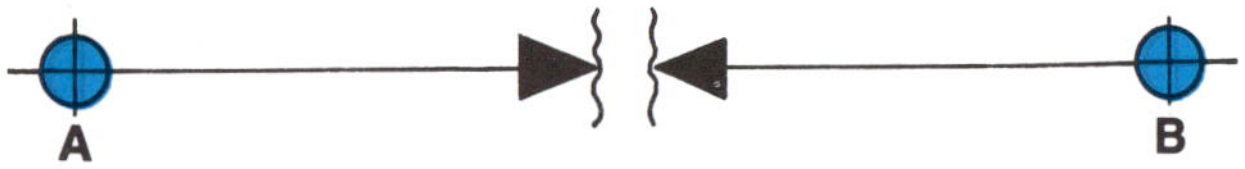

Ein zusätzlicher Störfaktor in einem Gespräch mit sich widersprechenden oder wenigstens nicht übereinstimmenden Erwartungen der Partner ist die Enttäuschung des oder der Betroffenen. Zumal wir ja keine Indianer sind (Ausnahmen eingeschlossen) und daher unsere Gefühle nicht oder kaum verbergen können.

Zur sachlichen Uneinigkeit kommen jetzt noch gefühlsbetonte Reaktionen.

Finsterer Gesichtsausdruck mit herabgezogenen Mundwinkeln. Die Röte steigt uns in den Kopf. Wir schlagen die Akte zu und legen unser Schreibgerät hörbar auf den Tisch.

Oder wir wenden den Körper ab.
Hinzu kommen entsprechende Bemerkungen wie:
„Das hatte ich erwartet!"
„So hatte ich mir das vorgestellt!"
„Sehr schön! So mußte das ja kommen!"

Das wiederum macht dem Gesprächspartner so richtig Laune, und er steuert nun seinerseits den passenden oder auch unpassenden Kommentar bei.

Was aber können wir tun, um solch miese Gespräche zu vermeiden?

Erst einmal müssen wir uns besser vorbereiten. Dazu gehört, daß wir die Situation so nüchtern wie möglich sehen und unsere Vorstellungen und Erwartungen von vornherein (und von hinten hinaus!) den Gegebenheiten weitestgehend anpassen. ,,Wunschdenken" sollten wir unbedingt vermeiden! –

Dann müssen wir uns darüber im klaren sein, daß es in den seltensten Fällen gelingt, sich mit seiner Auffassung und seinen Wünschen hundertprozentig durchzusetzen. Irgendwo muß man immer auf andere Menschen und bestimmte Gegebenheiten Rücksicht nehmen. Das verlangt von uns, Abstriche zu machen.

Wer vom anderen etwas will, muß zu Kompromissen bereit sein.

So kommen wir zu folgendem Bild:

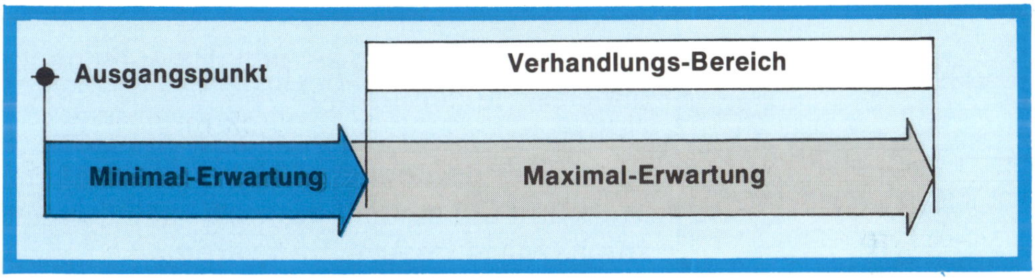

Unsere ,,Maximal-Erwartung" ist das Weitestgehende, was wir glauben, bei allem Optimismus und Rückenwind erreichen zu können.

Unsere ,,Minimal-Erwartung" ist das absolute Mindestmaß, das wir unter keinen Umständen unterschreiten können oder wollen.

Nun müssen wir versuchen, die Situation des Gegners – Verzeihung, des Partners natürlich – so nüchtern wie möglich vorauszuberechnen. Wir stellen also auch seine Minimal- und Maximal-Erwartung auf, so, wie wir glauben, daß er sie sieht.

Die Erwartungen des Partners können gleichgerichtet oder entgegengesetzt sein.

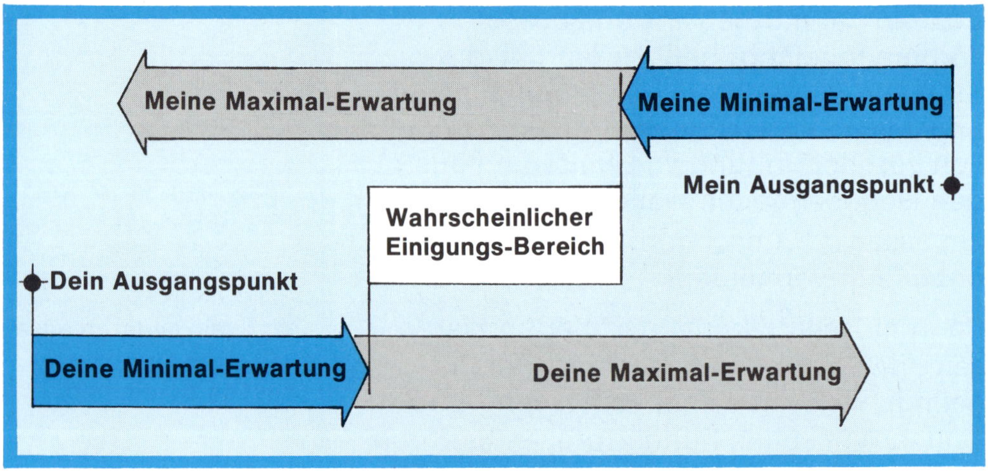

Solchermaßen vorbereitet ist es wesentlich leichter, in ein Gespräch hineinzugehen, und die Chancen einer Einigung sind ungleich größer.

Zum Abschluß noch ein paar Ratschläge für die Gesprächsführung:

Negatives Verhalten.

Nicht „um den heißen Brei" herumreden. Nicht stur auf seinem Standpunkt beharren, zumal wir ja innerhalb unseres „Erwartungsbereiches" frei beweglich sind. Nicht unsere Forderungen stereotyp wiederholen. Nicht so verkniffen sein.

Positives Verhalten.

Sondern lieber klug argumentieren. Den Standpunkt des anderen zu verstehen versuchen. Für den eigenen Standpunkt Verständnis erwecken. Ihn begründen. Den anderen nicht überreden, sondern versuchen zu überzeugen, daß der eigene Standpunkt für ihn annehmbar ist. Die Dinge offen aussprechen und auch den anderen zur offenen Aussprache ermuntern. Kompromisse suchen, diese anbieten und selbst dazu bereit sein.

Sollte trotzdem beim besten Willen keine Einigung erreichbar sein, schlagen Sie nicht die Tür hinter sich zu!

Niemals die Tür hinter sich zuschlagen.

Halten Sie sie offen für ein weiteres Gespräch. Oft ist es dann einfacher zum Ziel zu kommen, vorausgesetzt, beide Partner sind guten Willens. Vermeiden Sie es dann unter allen Umständen, dem anderen Vorwürfe zu machen, indem Sie ihm beispielsweise für das Scheitern der ersten Unterhaltung die Schuld geben.

Beginnen Sie statt dessen mit den Punkten, in denen Sie übereinstimmen, und bauen Sie darauf auf. Und vergessen Sie nie: Ein gut gestimmter Mensch ist eher zur Zustimmung bereit. Also machen Sie wenigstens ein freundliches Gesicht. Das ist eine gute Voraussetzung für eine erfolgreiche Verhandlung.

Na, Du alter Miesepeter?!

Was ein „Miesepeter" ist, wissen Sie doch: Einer der mit Gott und der Welt unzufrieden ist, ständig herumnörgelt, immer schlecht gelaunt ist, dem nichts gefällt – der eben ein echter „Miesepeter" ist.

Man kann ihm nichts recht machen. Er ist brummig und scheint grundsätzlich schlecht geschlafen zu haben. Oder er glaubt, mit dem „verkehrten" Fuß aufgestanden zu sein, was ihm wohl täglich passieren muß, und nun ekelt er seine Mitmenschen dafür an.

Was den „Miesepeter" kennzeichnet, ist sein Gesichtsausdruck: mißtrauisch und verkniffen. Auch seine Körperhaltung drückt das aus. Seine Kleidung ist im Regelfalle eigenwillig, dabei meist korrekt, jedoch eher konservativ bis unmodern oder auch betont schlunzig.

Im ersten Falle will er seinen Mitmenschen zeigen, welch ordentlicher Mensch er ist – selbstverständlich ganz im Gegensatz zu seiner in jeder Beziehung verkommenen Umwelt.

Im zweiten Falle zeigt er seinen Mitmenschen offen seine Verachtung.

So wie bei ihm der „äußere" Mensch eine enge Beziehung zum „inneren" Menschen hat, ist es auch bei uns allen.

Irgendwie zeigen wir „äußerlich“ wie wir „innerlich“ sind.

So geht der Unsichere leicht gebeugt, derKopf ist ein wenig zwischen dieSchultern gezogen. Der Selbstbewußte geht aufrecht mit herausgedrückter Brust. Dabei sind seine Schritte kleiner als die des Unsicheren.

Ich wollte aber in diesem Kapitel gar nicht so sehr auf die Eigenschaften, auf das Wesen eingehen, sondern auf unsere Launen und Stimmungen. Die drücken sich nämlich auch sehr deutlich aus und werden am „äußeren“ Menschen sichtbar.

Geübte Beobachter können schon am Auftreten, an der Kleidung, bei Frauen auch am Make-up und an der Frisur erkennen, in welcher Stimmung und Verfassung der Betreffende sich befindet, noch ehe er den Mund aufmacht.

So signalisieren wir – meist unbewußt – unserer Umwelt, wie wir uns fühlen und wie wir angesprochen werden möchten.
Oft auch, daß man uns besser aus dem Wege ginge. –

Wer anders ist als sonst, hat dafür einen Grund.

Das Erkennungszeichen für den seelischen Umschwung ist für uns die Tatsache, daß der gewisse Jemand urplötzlich anders aussieht oder auftritt als wir es normalerweise von ihm gewöhnt sind.

Natürlich kann bei einer Frau, wenn sie plötzlich eine ganz andere Frisur trägt, eine neue Moderichtung daran schuld sein.

Oder sie war die alte einfach leid. Sind aber auch Make-up, Kleidung und Auftreten verändert, so liegt was in der Luft!

Es gibt ja so richtige Supertage. Man hat gut geschlafen und wird von der Sonne geweckt. Der Duft nach frischem Kaffee lockt uns in die Küche, in der schon knackige Brötchen verlockend auf uns warten. Fröhlich pfeifend machen wir unsere Morgentoilette und haben das Gefühl:
„Heute könnten wir Heldensöhne zeugen!"

Hei – ist das ein Tag! Nun machen wir uns so schön wie es geht, schnappen uns die umwerfende Krawatte mit den hellblauen Tupfen – und sausen ins Büro.

Na – Brigitte wird Augen machen!
Brigitte ist die hübsche Brünette mit dem kecken Grübchen in der Wange.
In der rechten, glaube ich.

Sie sitzt im Vorzimmer meines Chefs, was mich auf die verrücktesten Einfälle bringt.
Mal frage ich sie nach der Zeit,
weil meine Uhr stehengeblieben ist (!),
mal klappt mein Feuerzeug nicht,
mal frage ich nach den Preisen für Blumenkohl – kurz, wenn ich sie nicht täglich sehe, fehlt mir etwas.

Natürlich setze ich voraus, daß sie heute eine ebenso blendende Stimmung hat wie ich. Der Gedanke, daß es anders sein könnte, kommt mir nicht.

Wunschdenken führt oft zu Enttäuschungen.

Und da sitzt sie schon. Ich gockele an ihr vorüber: „Hallo, schönes Kind, wohin gehen wir denn heute abend?“ Ihr „Ach, lassen Sie mich doch in Ruhe!“ trifft mich wie ein Blitz aus heiterem Himmel. Ungläubig schaue ich zu ihr hinüber, aber sie hebt nicht mal den Kopf.

Meine Stimmung ist restlos im Eimer! Was fällt dem alten Suppenhuhn nur ein, mir in so unerhörter Weise den Tag zu verderben?! Die hat sie wohl nicht alle!

Immer noch stehe ich auf meinem Fleck, als wenn mich der Donner gerührt hätte und starre sie an.

Irgendwas stimmt doch nicht mit ihr. Das altmodische Kleid habe ich noch nie bei ihr gesehen. Die Frisur – ja, wie sieht die denn aus? Als wenn sie sich überhaupt nicht gekämmt hätte. Und geschminkt ist sie auch nicht! Ob sie vielleicht krank ist? –

Jetzt bin ich endlich soweit, daß ich mich von meiner ersten Enttäuschung erholt habe und meinen Blick voll und prüfend auf Brigitte richte. Ja, da stimmt in der Tat etwas nicht.

Ich schlucke alles hinunter, was mir so auf der Zunge liegt und gehe schweigend in mein Büro. Der äußere Zustand Brigittes zeugt eindeutig von einem inneren Notzustand. Sie scheint aus dem Gleichgewicht geraten zu sein.

Da ich nicht weiß, wie ich mich verhalten soll, gehe ich ihr schweren Herzens aus dem Weg.

Am nächsten Tag strahlt sie wie immer. In der Pause bekennt sie auf meine Frage hin freimütig, sie sei gestern nicht in Form gewesen. Sie habe in der Nacht schlecht geträumt und sich am nächsten Morgen einfach „mies“ gefühlt. Die Sonne erweckte Fernweh in ihr, der Toaster war kaputt und damit ein trüber Tag vorprogrammiert.

Wer sich schlecht fühlt, neigt dazu, sich hängen zu lassen.

Unlustig zog sie sich an und griff dabei ihrer Stimmung entsprechend zu dem Kleid, das sie längst hatte verschenken wollen. Sich schminken und frisieren hatte „ja doch keinen Zweck“, und so zog sie, ganz Jammergestalt, gen Büro.

Hätte ich sie ein wenig aufmerksamer betrachtet, wäre mir die „kalte Dusche“ erspart geblieben.

Ergo: Wir neigen dazu, Stimmungen und Launen durch unser Äußeres anderen zu signalisieren.

Gute Beobachter erkennen daran, ob wir heute in „Baumausreißer-Laune“ oder in „Weltuntergangs-Stimmung“ sind.

Erfahrene Menschenkenner wissen, daß die eigene gute Laune nur selten bei denen ankommt und sie umstimmen kann, die schon durch ihre Kleidung und ihre Aufmachung beschlossen haben, heute bei ihrer miesen Stimmung zu bleiben.

Darum rate ich Dir, mein Junge:
Wenn SIE einen Ausschnitt trägt, mit nichts darunter, die Haare keck zu Löckchen aufgedreht, die Lippen feurig rot und feucht, mit einem kessen Röckchen angetan und ihre Augen leuchten --- greif zu!
Es wird sich lohnen!

Ist SIE jedoch gekleidet wie ein „Schlunz“, schlecht frisiert, nicht geschminkt und von Parfum keine Spur--- versuch's erst gar nicht! Sie ist nicht in Stimmung und will sich auch nicht in eine solche bringen lassen!

AIDA im Alltag

Warum Sie wohl am Freitag nicht in die Oper gehen sollten? Aber – Sie sollen doch. Wenn Sie wollen. Und die Oper mögen. Und eine Karte kriegen. Und wenn's am Freitag eine Oper gibt.

Doch damit wären wir dann auf dem falschen Dampfer:
Mit AIDA ist hier beileibe keine Oper gemeint, nicht mal eine Operette.
Für uns ist AIDA eine Formel, eine Abkürzung gewissermaßen.

Alle psychologisch geschulten Verkäufer, gleich ob in Europa oder in Übersee, sollten diesen Begriff kennen. Er stammt – wie könnte es auch anders sein – aus der englischen Sprache und heißt wörtlich:

A ttention – I nterest – D esire – A ction

Verdeutscht klingt das dann:

A ufmerksamkeit – I nteresse – D rang (zum Besitzen) – A bschluß

In Heinz Goldmanns Buch „Wie man Kunden gewinnt" sind diesem interessanten Thema mehrere Kapitel gewidmet.

Was damit gemeint ist, was wir damit anfangen und welchen Nutzen wir daraus ziehen können, zeigt folgendes Beispiel:

Paul wohnt in Hamburg und möchte eine Frau finden, die seine Hautfarbe trägt, seine Sprache spricht, seiner Konfession angehört, seine Interessen teilt und mit der er sich zum Kennenlernen möglichst oft treffen kann.

Er inseriert in diesem Sinne. Was meinen Sie wohl, wo? In München, in Paris, in New York oder in Hamburg?

Richtig – in Hamburg. Und warum wohl? Ganz einfach! Weil er da die größten Chancen hat, ein Mädel zu finden, daß sich ohne große Anreise häufig mit ihm treffen kann. Vielleicht würden sich auch aus den anderen Städten vereinzelte junge Damen melden, zum Beispiel Beate aus Lüdenscheid, aber die meisten Angebote wird er wohl aus Hamburg erhalten.

Weil man hier seiner Anzeige die größte *Aufmerksamkeit* schenken wird. Wenn man sie überhaupt liest!

A = Aufmerksamkeit.

So wird Paul vermutlich seine Anzeige nach vorheriger Erkundigung in die Zeitung bringen, die entweder die höchste Auflage hat oder die für ihre Heiratsanzeigen bekannt ist.

In der richtigen Stadt, in der richtigen Zeitung, an der richtigen Stelle, am richtigen Tag erscheint also seine Anzeige. Wenn sie sich von den anderen unterscheidet durch ihre Größe, ihre Farbe oder durch eine bestimmte optische Besonderheit ist ihre Chance, bemerkt und gelesen zu werden, besonders groß.

Hoher Aufmerksamkeitswert.

Nun hat er sich für den Text etwas Besonderes einfallen lassen. Einen Hinweis darauf, daß er zum Beispiel ein besonders guter Tennisspieler sei. Oder daß er einen schönen Rosengarten besitze. Oder irgend etwas, wovon er weiß, daß es Frauen lieben. Natürlich darf das nicht „gekrückt“ sein, denn das käme ja doch heraus!

I = Interesse.

Diese Besonderheit aber weckt das *Interesse* der jungen Damen – man könnte auch sagen: ihre Neugier.

Schon beim ersten Treffen versteht es Paul nun, sich von seiner besten Seite zu zeigen. Er bringt Blumen mit, ist liebenswürdig, zurückhaltend und höflich und gibt der jungen Dame das Gefühl, daß es sich lohne, ihn wiederzusehen.

D = Drang.

Nach mehrmaligem Treffen hat sich Claudia schon richtig an Paul gewöhnt. Sie spürt den *Drang* in sich, ihn öfter zu sehen.

A = Abschluß.

Nach einer gewissen Zeit bittet er sie nun, seine Frau zu werden. Sie sagt „ja“. Das also entspricht der *Abschlußstufe.*

Später wird sie ihm dann einige muntere Kinderlein gebären, und wenn sie nicht sterben, leben sie womöglich länger als es ihnen unter Umständen lieb ist. –

Jedenfalls hoffe ich, daß es mir mit diesem leider etwas simpel geratenen Beispiel gelungen ist, Ihnen die Grundzüge der AIDA-Formel nahezubringen.

Da ich jedoch ein gründlicher Mensch bin, lasse ich nicht locker und beginne mit der Beweisführung einmal von hinten:

Hätte Paul die liebe Claudia nicht aufgefordert, seine Frau zu werden, und hätte auch sie niemals davon gesprochen, wäre es wohl kaum zum letzten A, nämlich zum *Abschluß* gekommen.

A I D Ⓐ

Hätte Paul es nicht geschafft, durch sein sympathisches Wesen, durch den insgesamt positiven Eindruck, den er ihr vermitteln konnte, in Claudia den Wunsch, den *Drang* zu erwecken, ständig bei ihm zu sein, würde sie seiner Bitte, ihn zu heiraten, nicht zugestimmt haben.

A I Ⓓ A

Ohne Drang kein Abschluß

Hätte der Text der Anzeige nicht Claudias *Interesse* erweckt, wäre sie wohl kaum zu einem Treffen gekommen.

A Ⓘ D A

Ohne Interesse kein Drang

Hätte die Anzeige in ihrer Aufmachung nicht Claudias *Aufmerksamkeit* erweckt, würde sie sich wahrscheinlich mit dem Text erst gar nicht befaßt haben.

Ⓐ I D A

Ohne Aufmerksamkeit kein Interesse

Begreifen Sie die Zwangsläufigkeit dieser Formel? Jeder Buchstabe hat seine Bedeutung. Keinen davon dürfen wir außer acht lassen.

Es beginnt doch bereits beim ersten *A.* Wir Menschen legen bekanntlich höchsten Wert darauf, die Aufmerksamkeit unserer Umwelt zu erregen. Durch tausenderlei verschiedene Dinge.

Kleidung, Frisur, Autos, Titel, Schmuck, Orden, großspuriges oder betont selbstsicheres Auftreten und vieles mehr gehören dazu.

Das kleine Kind schreit, bis die Mutti kommt. Dann wird es trockengelegt und bekommt seine Milch.

Auf dem Schulweg und in der Pause fallen den Jungens immer neue Methoden ein, die Mädchen auf sich aufmerksam zu machen. Sei es, daß sie Purzelbäume schlagen, dem Gustl den Ranzen klauen oder sich mit Schneebällen bewerfen.

Der „Redner“ in der Gesellschaft,
der mit seinen Abenteuern „strunzt“,
der einen Witz nach dem anderen erzählt,
will auf sich aufmerksam machen.

Das ist bei den Tieren nicht anders. Denken Sie an das Wagenrad des Pfaus, daran, wie der Hahn dem Huhn so eigenartig in den Weg springt, bevor er...,
aber das wäre dann schon der *Abschluß.*
So ein Hahn kann es sich halt leisten, einige Stufen zu überspringen.

Unserem Nervensystem verdanken wir übrigens, daß wir auf Verletzungen aufmerksam werden, nämlich durch die auftretenden Schmerzen. So ist die *Aufmerksamkeit* grundsätzlich die erste Stufe für eine *bewußte* Handlungsfolge. Das macht sich ja auch die Werbung zunutze.

„GOLD GEWINNEN können Sie bei uns nicht, aber Erfahrungen!" ... ist ein solches Beispiel.

Solche und ähnliche Anzeigen sollen Aufmerksamkeit erwecken.

Nur wird hier oft versucht, über die Aufmerksamkeit gleich Interesse zu erwecken und auch den Drang. (Drang steht hier für den Wunsch, das Angebotene zu besitzen.)

Gute Werbung ist dabei ehrlich und vermittelt echte Information.

So, nun wissen Sie auch, was mit AIDA gemeint ist. Bitte merken Sie sich die Reihenfolge.

Sollte die Sache schiefgehen, so prüfen Sie gewissenhaft, bei welchem Buchstaben der Fehler liegt! Haben Sie vergessen, auf sich aufmerksam zu machen, in dem Glauben, man kenne Sie schon? Oder gingen Ihnen vor der Abschlußstufe Puste und Kraft aus?

Nur Mut! – Kein Meister ist je vom Himmel gefallen.

Sticheleien – die Waffen des Schwächeren

Früher nahm man das Schwert. Oder die Lanze. Das gab ganz schöne Löcher!

Hausfrauen nehmen die Nadel. Zum Nähen natürlich. Die Strick-, Steck- oder Nähnadel. Wobei die letztere die feinsten Stiche gibt.

Nicht nur Waffen – auch Worte können verletzen.

Aber auch Worte können stechen.
Man spricht von Menschen mit einer „spitzen" Zunge. Das ist natürlich nicht wörtlich zu nehmen. Denn auch Menschen mit sogenannten „Waschlappen" können eine „spitze" Zunge haben, können mit Worten pieken.

Im übrigen trifft das nicht nur auf Frauen zu, sondern auch auf Männer.
Und Gelegenheit zum Sticheln gibt es schließlich mehr als genug.

Schwert und Lanze sind Waffen.
Auch Dolche und Stilette. Mit dem Schwert wurde vorwiegend geschlagen. Lanze, Dolch und Stilett sind Stichwaffen.

Je feiner die Spitze, desto feiner der Stich. Je feiner der Stich, desto geringer der Schmerz. Aber auch ein geringer Schmerz ist ein Schmerz.

„Sticheleien" sind im übrigen mehrere Stiche. Viele kleine Stiche auf eine gewisse Fläche verteilt.

„Sticheleien" mit Worten durch Menschen an Menschen sind viele kleine „Rand-

bemerkungen", die meist boshafter Natur sind. Diese werden über einen kurzen oder auch längeren Zeitraum angebracht.
Der Zeitraum ist kurz, wenn der „Sticheler" glaubt, nun sein Ziel erreicht zu haben.
Andere wiederum „sticheln" ihr Leben lang, weil es ihrem Wesen entspricht
oder weil sie es sich als feste Angewohnheit „zugelegt" haben.

Sticheleien sind boshafte „Randbemerkungen".

Sticheleien als angeborener Charakterfehler. (Astrologisch: Man hat den Mars im Skorpion.)

„Sticheln" ist die Waffe des Schwächeren. Dessen, der sich fürchtet, im „offenen Kampf" zu unterliegen.

Wenn ich der Schwächere bin, glaube ich, mich im Gespräch nicht durchsetzen zu können, weil der andere...

... redegewandter ist,
... mich nicht aussprechen läßt und mich dauernd unterbricht,
... ranghöher ist,
... mich mit Lautstärke übertönt,
... mir ja doch nicht zuhört,
... sofort mit Gegenargumenten anfängt oder auf das Thema nicht eingeht,
... mir ja doch kein Recht gibt,
... sich für meine Probleme nicht interessiert.

Darum vermeide ich es, mich offen mit dem Betreffenden anzulegen. Statt dessen beginne ich zu „sticheln". Dabei setze ich ein möglichst harmloses Gesicht auf, als meine ich das gar nicht so, wie ich es sage. Oder ich lächle gewinnend dabei.

Am wirkungsvollsten sind Sticheleien in Gegenwart Dritter, zumal ich dabei die Chance habe, daß der andere nicht so zurückschlagen kann, als wenn wir alleine wären.

Sticheleien in Gegenwart Dritter sind besonders wirkungsvoll.

Das ist mein Triumph! Es dem anderen heimzuzahlen. Meine vielen kleinen Stiche werden wohl ihre Wirkung nicht verfehlen.

In der Tat – so ist es. Nur anders, als ich es erwarte.

Der Partner müßte schon Wachs in den Ohren haben, wenn er meine ständigen „Sticheleien" überhören würde. Er hört sie also und wird sich darüber ärgern.
Mit einiger Sicherheit sogar!

Aktion oder Reaktion?

Warum? – Ganz einfach:
Weil er meine Reaktion für eine Aktion hält.
Weil er nicht weiß, daß ich mich vor einer offenen Aussprache fürchte.

Weil er zu wenig selbstkritisch ist, um zu erkennen, daß mein Vorgehen nur ein Versuch ist, mich zu wehren. Mich für seine „Unarten" zu revanchieren, die ich stets erdulden muß, wenn ich mal „vernünftig" mit ihm reden will.

Er ist sich also keineswegs klar darüber, daß *sein* Verhalten die eigentliche Ursache für meine „Sticheleien" ist. Das wiederum kann ich ihm aber auch nicht sagen, weil ich aus Erfahrung weiß, wie solche Gespräche verlaufen.

Also werde ich weiter sticheln?!

Nein – bitte nicht!!!
Einer muß ja schließlich vernünftig werden.
Mit meinem Verhalten erreiche ich doch nur, daß der andere noch saurer auf mich wird.

Schluß mit der Stichelei!

Auf die kleine „Selbstbefriedigung“, beim anderen Wirkung zu verspüren, kann und werde ich in Zukunft gerne verzichten.

Hm –– aber wie soll ich es anstellen, den anderen zu bewegen, mir künftig besser zuzuhören, auf meine Sorgen und Nöte einzugehen, sein Verhalten meinen Wünschen und Vorstellungen anzupassen?

Mit „Sticheleien“ jedenfalls nicht mehr. Vielleicht aber mit den Worten:
„Ich brauche Deinen Rat und Deine Hilfe!“

Wer würde einem, darum gebeten, schon seine Hilfe versagen? Vielleicht kommt zum ersten Mal ein gutes und fruchtbringendes Gespräch zustande, wenn ich

Eine Bitte um Hilfe kommt bei den meisten Menschen an.

1. frage – statt zu behaupten,
2. bitte – statt zu verlangen,
3. schlucke – statt gleich zu widersprechen,
4. dem andern Gelegenheit gebe, sich ritterlich zu zeigen.

Auf eine solche Unterhaltung muß man sich allerdings gut vorbereiten.

Sollte das trotzdem schiefgehen, wie wäre es dann einmal mit einem aufrichtigen Brief? Ohne Vorwürfe und Beleidigungen natürlich. Mehr als Hilferuf, meine ich.

Sie sollten darüber nicht lachen.
Und vor allem nicht resignieren.

Von selbst kommt nichts

Auch keine Einsicht bei Ihrem Partner.

Vorhaltungen sollte man sich verkneifen.

Denken Sie bitte daran, daß Vorhaltungen nicht besser sind als Sticheleien, denn sie rufen nur Widerspruch oder Rechtfertigung hervor.

Übrigens braucht man für gute Gespräche eine entsprechende Atmosphäre.
Das Wetter, die Stimmung, die Gesundheit, genügend Zeit und die richtige Vorbereitung – das alles sind wichtige Faktoren.

Darum sollten Sie abwarten können.

Merken wir uns:

Ungeduld ist der Feind der Gelegenheit

Darf ich Ihnen abschließend noch einen Rat geben?

Selbst wenn es Ihnen kurzfristig, trotz Einstellung Ihrer Sticheleien, nicht gelingen sollte das Klima zu verbessern, empfehle ich Ihnen, nicht rückfällig zu werden. Vielleicht wartet Ihr Partner nur darauf.

Man kann eine verfahrene Situation nur mit Geduld und Beharrlichkeit verbessern.
Das trifft auf beide Seiten zu.

„Ist das kalt hier!“ – „Mir ist es aber warm!“

Widerspruch? – Keineswegs!
Nur verschiedene Empfindungen und eine nicht korrekte Aussage des ersteren.

Kalt oder warm, laut oder leise ist eine Frage der Beurteilung durch den Betroffenen. Abhängig von seiner ganz „persönlichen“ – also unbeeinflußten – Empfindung. Unabhängig von irgendwelchen Normen und der Meinung der Umwelt.

Schön ist nicht schön – Gefallen macht schön.

Wo also liegt der Haken?
Nur in der richtigen und unmißverständlichen Art, sich auszudrücken. Wer sagt „Mir ist es kalt – ich friere“, dem ist nicht zu widersprechen. Mit meinen Worten „Mir ist es aber warm – ich schwitze“ zeige ich nur an, daß mein Körper anders empfindet. Beide Aussagen sind richtig formuliert.

Würde ich jedoch sagen „Hier ist es warm“, wäre das eine Behauptung, der man mit der Gegenbehauptung „Nein, hier ist es kalt“ genauso unsachlich widersprechen könnte.

Anders, wenn feste Maßstäbe vorliegen. „Hier herrscht eine Temperatur von +20° Celsius“ läßt sich anhand eines intakten Thermometers nachprüfen. Ob ich diesen Wärmegrad jedoch als kalt oder warm empfinde, ist ausschließlich meine Angelegenheit.

Wer das beachtet, wird manchem unsinnigen Wortgefecht aus dem Wege gehen. –

Ich – der Herr Abteilungsleiter

Ich bin ich. Das ist logisch und richtig.
Wer sollte ich denn auch sonst sein? –

Für mich bin ich das mir bekannte ICH.
So wie ich mich sehe. So wie ich will,
daß man mich sieht.
Als den Herrn Abteilungsleiter eben!

Würde man mir die Aufgabe stellen, einem völlig Fremden, der von meiner Existenz vorher nie etwas gehört hat, telefonisch zu erklären wer ich bin, wären dafür viele Worte nötig:

„Mein Name ist...,
ich bin so und so groß,
meine Anzug- oder Kleidergröße ist...,
mein Gesicht ist..."

Und schon wird's schwierig. Was soll ich ihm von meinem Gesicht sagen?
Daß ich grün-braune Augen habe und eine Knubbelnase? Auch über meinen spärlichen Haarwuchs und meine ungleich abstehenden Ohren könnte ich berichten.

„Ich bin ein unglaublich sympathischer Mensch", entspricht zwar meiner Meinung, erscheint mir jedoch nicht recht geeignet.

Was weiß der Fremde denn nun wirklich von mir? Noch gar nichts von dem, was mir wichtig erscheint. Was mich so darstellt, wie ich gesehen werden möchte.

„Meine Berufsausbildung ist...,
meine Position ist...,
ich trage den Titel...,
ich fahre folgendes Auto...,
ich besitze...,
ich bin..."

Aha, jetzt kommt es heraus!

Jeder braucht seinen Rahmen, der ihn zur Geltung bringt.

Ich, so ganz allein wie Gott mich schuf, bin nicht genug. Bin *mir* nicht genug! Komplett bin ich erst im stolzen Bewußtsein meines Titels, meiner Erfolge und ihrer allgemeinen Anerkennung, meines Besitzes, meiner Kleidung und – ja, und des Rufes, den ich genieße.

Vorausgesetzt, ich kann da etwas vorweisen! –

Je mehr ich also an Äußerlichkeiten aufzubieten habe, um so weniger bleibt für den „inneren" Menschen übrig.
Den Menschen an sich. Denn ohne all den äußeren Firlefanz – sind wir kaum etwas wert. Jedenfalls ist das für viele von uns eine Art Weltanschauung.

Aus diesem Grunde hätten wir nach dem Telefonat mit einiger Sicherheit das Gefühl, dem anderen viel zu wenig von uns berichtet zu haben.

Daß wir schon mal in einem fernen Lande waren, mal beim Tanzen einen Preis gewannen, diese oder jene Eigenschaft an uns für besonders liebenswert halten – kurz all das, was unsere „Persönlichkeit" so richtig abrundet und zur Geltung bringt.

Das ist auch keinesfalls ungewöhnlich, denn so sind wir Menschen nun mal.

Um uns in dieser Form präsentieren zu können, benötigen wir allerdings die Umgebung, die uns das ermöglicht.
So wie der Schauspieler sein Publikum, brauchen wir „unsere“ Atmosphäre.

Was wäre schon ein Tenniscrack im Kuhstall, ein Redner vor einem leeren Saal oder ein Bundeskanzler auf dem Mount Everest?

Ein Mensch – ein einfacher Mensch!
Sonst nichts. –

Ich will gleich vorwegnehmen, daß mancher „Titelträger“ sich danach sehnt, irgendwann und irgendwo „nur Mensch“ sein zu dürfen. Auf einer einsamen Insel beispielsweise, wo ihn keiner kennt und wo er mit ausgefransten Hosen und einem alten Hemd endlich mal „er selbst“ sein kann. Doch das ist dann sein eigener Wille, die Erfüllung seiner Wünsche.

Mancher von uns möchte nur mal „er selbst sein“.

Anders jedoch ist es, wenn wir aus unserer gewohnten Umgebung herausgerissen werden, ohne genügend darauf vorbereitet zu sein. Wenn uns ein Unfall zwingt, aus der Arbeitswelt in ein Invalidendasein umzusteigen. Oder wenn die Jahre uns zu Rentnern machen.

Unsere Umgebung gehört zu uns wie das Salz zur Suppe.

Wer sich darauf nicht rechtzeitig vorbereitet, die Tatsachen ignoriert oder vom Schicksal überrascht wird, ist arm dran.

Wir erleben es immer wieder, daß es Menschen nicht gelingt, sich in ihrer neuen Atmosphäre zurechtzufinden.

Darum kann es für uns alle nur gut sein, wenn wir wissen, daß alles Irdische vergänglich ist. Nur wer sich frühzeitig darauf einstellt, eines Tages seinen Platz einem anderen freizumachen, vielleicht sogar in die Anonymität zurückzukehren, hat die Chance, der neuen, veränderten Situation mit Gelassenheit und einem weisen Lächeln entgegenzusehen. –

Wir haben im übrigen genug Gelegenheit, das zu üben.

Ich fragte schon, was ein Tenniscrack im Kuhstall sei. Ein Mensch – weiter nichts. Ein Tenniscrack wird er erst auf dem Tennisplatz. Durch sein überragendes Spiel. Dadurch, daß er seine Gegner vom Platz fegt, daß sein Publikum ihm zujubelt. –

Er ist es auch, wenn ihn Leute auf der Straße, im Café erkennen.

Was sind wir schon, wenn uns unsere gewohnte Umgebung fehlt?

Was aber ist er, wenn man ihn nicht erkennt? Wenn ihm „seine Umgebung" fehlt? – Nur ein Mensch! Das hat schon mancher schmerzlich festgestellt.

Auch ich – der Herr Abteilungsleiter. Man kennt mich, man grüßt mich. Man hält mir die Tür auf. Man bringt mir Kaffee. „Das ist er, der Herr Abteilungsleiter." Und man dreht sich nach mir um.

So ist sie – meine gewohnte, mir so lieb gewordene Umgebung. Denn da bin ich ein „angesehener" Mann. Da kennt man all' meine „Äußerlichkeiten", die mich als den kennzeichnen, der ich glaube zu sein.

Als ich im Winterurlaub war, um Ski zu fahren, grüßte mich keiner und niemand drehte sich nach mir um.

Auf der Piste sauste mir einer davon, der in meinem Heimatort noch Schüler ist. Mir, dem Abteilungsleiter!

Im Skikurs empfahl mir der Skilehrer, meine „lahmen Knochen“ etwas mehr zu bewegen. Die anderen Kursteilnehmer grinsten fröhlich dazu.

Ich gestehe, daß ich ernsthaft überlegte, ob ich die ganze Bande am Abend nicht mal in den „Waldhof“ einladen sollte. Dann würde ich ihnen erzählen, daß ich der Herr Abteilungsleiter sei!

Ja, meine Freunde, in einer „anderen“ Umgebung herrschen „andere“ Maßstäbe. Beim Sport gelten nur die Besten etwas. Auch in der Gesellschaft bestimmen gewisse Faktoren die Rangordnung.

In einer anderen Umgebung herrschen andere Maßstäbe.

Wer „seine“ Umgebung gewöhnt ist, kann sich in einer „anderen“ verlassen und einsam vorkommen. Denn da ist man plötzlich einer unter vielen. Da muß man sich neu bewähren, will man etwas gelten. –

So bleibt uns die Lehre, daß es im Grunde doch sehr traurig ist, wenn ein Mensch zu viele Äußerlichkeiten braucht, um sich so richtig wohlzufühlen.

Die wahren Werte eines Menschen trägt er in seinem Inneren. So ist der „innere“ Mensch ungleich wertvoller als das Gebäude aus Fleisch und Knochen, das ich den „äußeren“ Menschen nenne.

Ein hohles Faß dröhnt lauter.

Immer wieder zeigt es sich,
daß Zeitgenossen, denen es an
inneren Werten mangelt, dieses durch ein
besonders großes Maß an „Äußerlichkeiten"
zu kompensieren versuchen.

Die Ausnahme bestätigt die Regel.
So gibt es Typen, die weder innere Substanz
noch einen attraktiven Körper haben.
Und auch sonst nichts.

Und die vom Glück Verfolgten. Die mit
„Herz und Seele", Charakter und Geist,
dabei noch blendend aussehend, Titel und
Geld haben und sich vor Erfolgen und
Anerkennung nicht retten können.

Was soll man da noch sagen?! –

Hören und verstehen

Schon in meinem Buch „Erfolg – so nebenbei" bin ich auf dieses Thema verschiedentlich eingegangen.

Das Hören ist einer unserer wichtigsten menschlichen Sinne.

„Du kannst wohl nicht hören?!"
„Wer nicht hören will, muß fühlen!"
„Da vergeht einem Hören und Sehen."

Gar manch einer beginnt seine Rede mit „Hören Sie mal..."

Ja, wir wollen gehört werden. Die meisten von uns wollen lieber selbst sprechen als anderen zuzuhören. So reden manche aufeinander ein, übertreffen sich gegenseitig an Lautstärke und gehen anschließend hochbefriedigt auseinander: „Dem habe ich es aber mal gesagt!"

Wer selber spricht, versteht den anderen nicht.

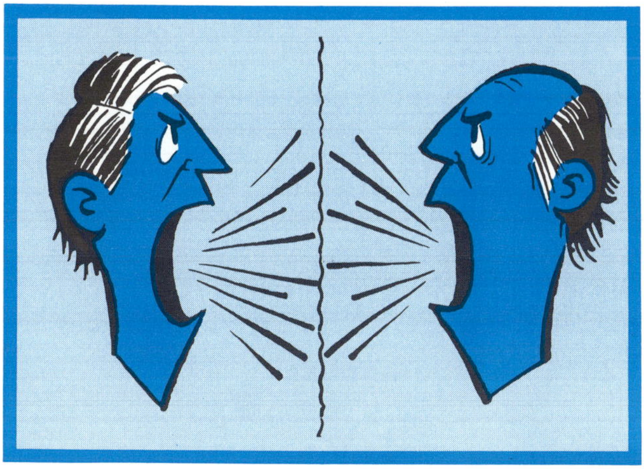

Von dem, was der andere sprach, haben sie nichts behalten. Sie konnten ja auch so gut wie nichts verstehen.

Zuhören ist eine Kunst.

Es ist überhaupt eine Kunst, richtig zuzuhören. Zugegeben – es ist auch gar nicht so einfach! Aber *was* ist schon einfach?! –

Hören und Verstehen sind zweierlei Ding. Man kann hören, während man in Gedanken ganz woanders ist. Die Worte plätschern dann an einem vorbei – man nimmt sie gar nicht wahr. Gut, daß das möglich ist. Sonst müßten unsere Bundestagsabgeordneten ganz schön Kopfschmerzen haben.

Betrüblich aber ist es, daß es gar nicht wenige Zeitgenossen gibt, die einfach nicht zuhören *können.* Weil sie unkonzentriert sind. Weil sie sich gleich nach den ersten Sätzen eine Gegenmeinung gebildet haben und jetzt nur noch bemüht sind, die nicht zu vergessen. Weil sie sprunghaft sind und ihnen immer wieder neue Gedanken kommen. Weil sie sich nur für sich selbst interessieren und daher die Worte des anderen gar nicht richtig aufnehmen.

Diese armen Tröpfe wissen nicht, daß man durch eigenes Sprechen nichts dazulernen kann. Aber das wollen sie wohl auch gar nicht, weil sie mit sich zufrieden sind.

Nur wer zuhören kann – kann lernen

Und ich sage es ganz deutlich:

Zuhören ist erlernbar

Man muß es nur wollen.

Stellen wir uns das menschliche Gehirn einmal vor, als bestünde es aus mehreren Schichten:
Der „Oberschicht",
der „Mittelschicht",
und der „Unterschicht".

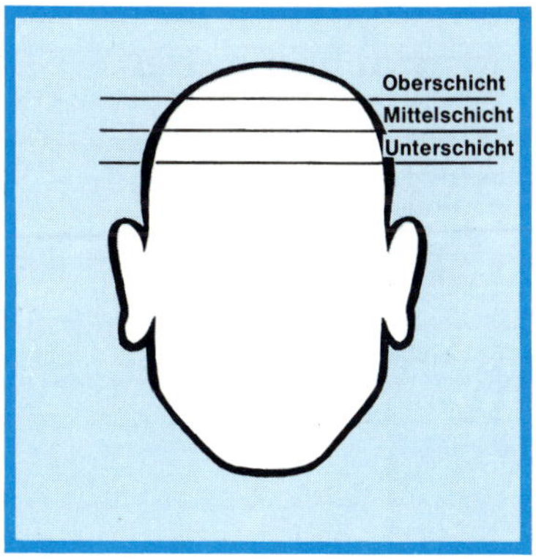

Wer mit seinen Gedanken „nicht bei der Sache" ist, der empfängt die Worte des anderen nur in seiner Oberschicht.
Er hört, ohne zu verstehen,
ohne zu begreifen, ja ohne die Sätze richtig wahrzunehmen. Nachher kann er sich an nichts mehr erinnern.

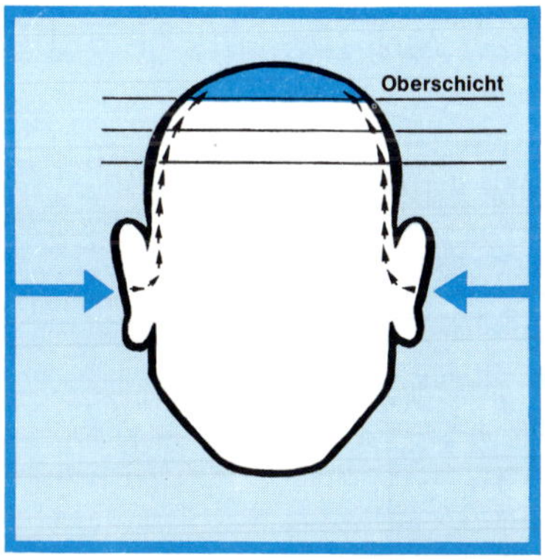

Wer zuhört, sich aber für das Gesprochene nicht interessiert, wird sich hinterher wohl noch an das Thema, aber nicht mehr an Einzelheiten erinnern können.

Er weiß zwar so ungefähr ,,wovon die Rede war'', hat jedoch die Pointen nicht mitbekommen.

Da das Ganze nicht fest genug sitzt, wird er sich nach einiger Zeit auch nur noch darauf besinnen können, ,,daß wir mal über Mallorca gesprochen haben''.

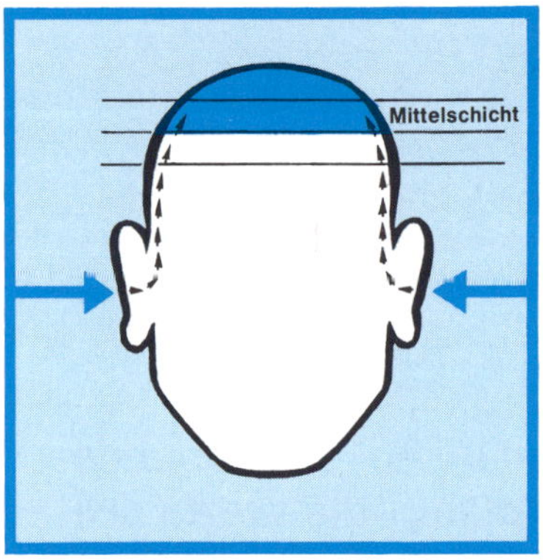

Anders ist es, wenn das Gehörte in die ,,Unterschicht'' eindringt.

Nur was man richtig begreift, prägt sich ein.

Dann hat der Betroffene nicht nur *zugehört,* sondern auch *verstanden,* um was es geht. Richtig Begriffenes prägt sich ein und sitzt tief im Erinnerungsvermögen.

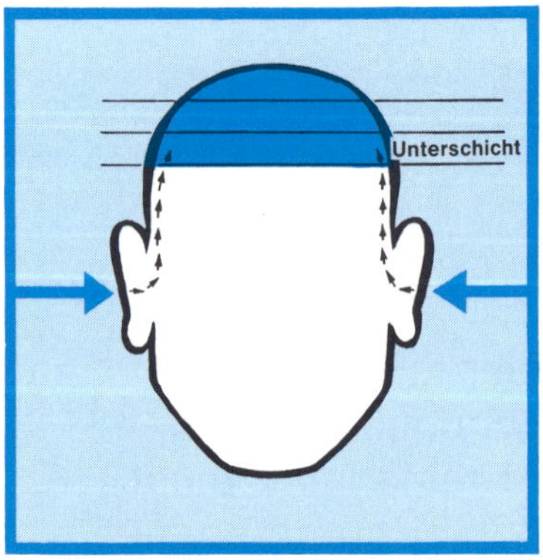

Ich habe an anderer Stelle richtiges Hören mit einem inneren Bildschirm verglichen, auf dem das Gehörte – wenn es bis zur Unterschicht vordringt – plastisch erscheint. So kann man es dann in allen Einzelheiten erkennen und begreifen.

Gehörtes, das bildhaft von uns erfaßt wird, hat eine besonders große Chance, auch in unserer Erinnerung als inneres Bild wieder zu erscheinen.

Wie man es anfängt, richtig hören zu lernen? Hier fallen mir die Worte des von mir sehr verehrten Oscar Schellbach ein, der von einem „Schubladensystem" spricht, in welches das menschliche Gehirn einzuteilen sei.

Man muß lernen, sich zu konzentrieren.

Jeder Gedanke kommt in eine Schublade. Braucht man ihn, holt man ihn heraus, danach legt man ihn zurück und schiebt die Schublade wieder zu.

So hat man das Gehirn stets frei.

Sich mit mehreren Gedanken gleichzeitig befassen, heißt, sich zu zersplittern.

Schon bei nur zwei Gedanken gleichzeitig kommen auf jeden nur noch 50% unserer Gedankenkraft. Schießen uns noch mehr Gedanken durch den Kopf, bleibt für jeden von diesen nur noch ein Bruchteil übrig.

Auch Denken ist Arbeit. Dazu brauchen wir unsere volle Kraft.

Sich konzentrieren heißt daher, Schellbachs Schubladensystem anzuwenden. Einen Gedanken fassen, alle anderen Schubladen derweil verschließen. So haben wir stets *100% unserer Gedankenkraft für nur eine Sache* frei.

Papier und Bleistift nehmen in der Zwischenzeit alles auf, was uns ablenken könnte.

Das ist der Weg, richtig zuhören zu lernen.
Sie wissen ja, nur wo ein Wille ist –
ist auch ein Weg!

Ach, könnte ich mir das doch abgewöhnen!

Das Rauchen zum Beispiel.
Oder eine andere Angewohnheit.
Eine lästige, eine geduldete
oder eine liebgewonnene.
„Ach, *könnte* ich doch!"

„Wer will, der kann!" sagt der Volksmund.
Doch das ist leichter gesagt als getan.

Nun will ich hier weder als Moralprediger noch als Gesundheitsapostel auftreten. Das überlasse ich gerne anderen. Zudem liefe ich als Nichtraucher auch Gefahr, mir den Vorwurf einzuhandeln: „Typisch! Wenn Du Raucher wärest, würdest Du das anders sehen!"

Zugegeben, das mag sein. Eben deshalb werde ich versuchen, so objektiv wie möglich vorzugehen.

Sie wissen ja, daß sich von verschiedenen Standpunkten aus gesehen auch die Perspektiven verändern.

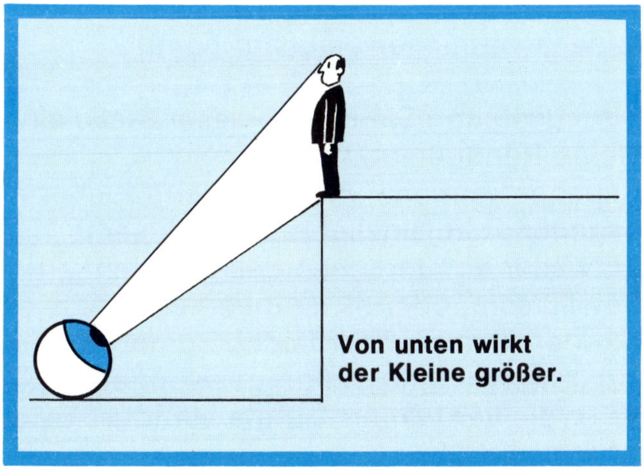

Von unten wirkt der Kleine größer.

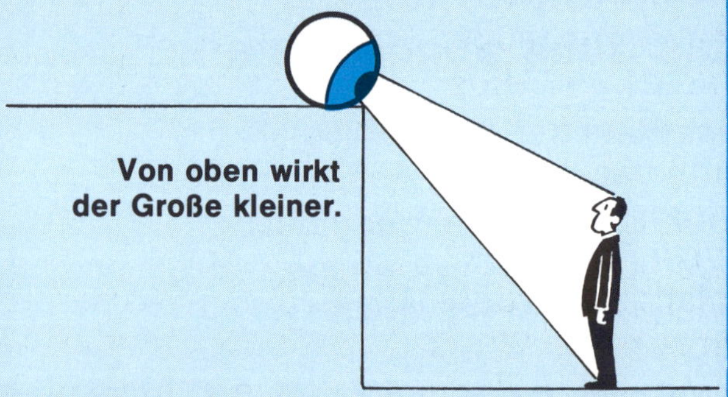

Eine in der Fotografie bestens bekannte Tatsache.

Eine in der Fotografie bestens bekannte Tatsache.

So ist es auch mit der Beurteilung eines Menschen durch einen anderen. Für einen Nichtraucher ist es daher leicht, einem Raucher den Rat zu geben: „Gewöhn' es Dir doch ‚einfach' ab. Ich rauche ja auch nicht!"

Für den kann das jedoch ein echtes Problem werden. Wenn er sich's wirklich abgewöhnen möchte, jedoch das ist, was man einen starken und leidenschaftlichen Raucher nennt.

Raucher sollten auf Nichtraucher mehr Rücksicht nehmen.

Bitte gestatten Sie mir an dieser Stelle eine kleine Randbemerkung:
Raucher können bisweilen Nichtrauchern gegenüber entsetzlich unhöflich sein! Entweder kommt ihnen das gar nicht zu Bewußtsein, oder es ist ihnen egal, wie der Nichtraucher leidet. Zumal er indirekt zum Mitrauchen gezwungen ist, da er die verqualmte Luft ja ständig einatmen muß.

Wie soll er sich dagegen wehren? Es gibt kein Mittel, außer er ergreift die Flucht. Und das ist leider vielfach nicht möglich.

An der Tür klingelt es. Ich öffne. Klaus tritt herein mit den Worten: „Du, ich wollte Dir nur schnell sagen ..." „Bitte, setz Dich doch solange", fordere ich ihn auf. „Was darf ich Dir anbieten?" „Nichts, danke. Ich bleibe ja nur auf eine *Zigarettenlänge.*"

Die berühmte „Zigarettenlänge".

Spricht's, setzt sich, legt Zigarettenschachtel und Feuerzeug auf den Tisch und steckt sich wortlos eine an.

Erst nachdem er den Rauch tief inhaliert hat, erzählt er mir die neueste Nachricht, drückt den Stummel aus und erhebt sich.

Weniger gute Bekannte pflegen, während sie die Zigarette aus der Schachtel holen, vielleicht noch die „höflich sein sollende" Bemerkung zu machen: „Es stört Sie doch nicht, wenn ich rauche?!" Und schon brennt sie, denn welcher Nichtraucher würde schon antworten: „Doch!
Es stört mich erheblich!"

Ich habe das zwar des öfteren mit dem Mut der Verzweiflung gesagt, was in den meisten Fällen jedoch als „guter Witz" aufgefaßt wurde.

Nur wenige steckten beleidigt die Schachtel wieder weg und hielten mich von da an für einen unkultivierten Barbaren.

Aber es gibt ja auch noch eine ganze Menge anderer Angewohnheiten und Leidenschaften.

Viele Menschen, die im Ernst gar nicht daran denken, sich diese abzugewöhnen, tragen sie ständig im Mund.

„Ach, ich weiß ja, daß ich mir das abgewöhnen sollte. Ich finde es selbst nicht gut. Aber Sie wissen ja, wie schwer so etwas ist!“

Viele Menschen kokettieren mit ihren Schwächen.

Diese Leute kokettieren mit ihren Schwächen. Weil sie das interessant finden oder glauben, es ihrem Image schuldig zu sein. Lassen wir ihnen das Vergnügen.

Um nochmal auf das Rauchen zurückzukommen:

Ich habe jahrelang vergeblich versucht, es mir *anzugewöhnen.* Einmal, weil ich glaubte, dann den Rauch anderer nicht mehr als so störend zu empfinden. Zum anderen, weil ich das Pfeifenrauchen seit Jugendzeiten als besonders männlich und auch heute noch als romantisch empfinde. Das begann schon mit der Friedenspfeife in Karl Mays Winnetou-Bänden.

Ich besitze vier Pfeifen. Aber ich habe es nie gelernt, sie zu rauchen. Ich bin eben nicht „der Mann, der Lincoln raucht“, denn bei mir brennt der Tabak stets mehr auf der Zunge als in der Pfeife.

Trotzdem bin ich immer wieder fasziniert, wenn so ein Sportstyp seine Pfeifentasche herausholt, bedächtig auswählt und dann seinen Ritus zelebriert, bis das Ding zu seiner Zufriedenheit brennt und er sich gemächlich zurücklehnt.

Ich muß gestehen, daß ich besonders in den Wintermonaten, speziell so in der Nikolaus- und Weihnachtszeit, immer wieder von den Tabakwarengeschäften magisch angezogen werde.

Ich komme dann stets in Versuchung, mir „mal wieder" eine neue Pfeife zu kaufen. Wenigstens aber ein Paket oder eine Dose Tabak, denn solange das Zeug nicht brennt, könnte ich stundenlang daran riechen!

Was soll's! Jedem Tierchen sein Pläsierchen!

Der Experte

Hier soll nicht vom „Besserwisser“ die Rede sein, sondern vom „Wisser“.
Von dem also, der auf einem bestimmten Gebiet – oder auch auf mehreren – besonders beschlagen ist.

Klar, daß wir zwischen dem „echten Könner“ und dem „Schaumschläger“ zu unterscheiden haben. Obwohl das gar nicht immer leicht ist!

Experte wird man durch die Anerkennung der Fachwelt oder durch „Krönung von eigenen Gnaden“. Womit nichts anderes gemeint ist, als daß man sich selbst als Experte bezeichnet.

Nun ist ja bekanntlich „unter Blinden der Einäugige König“. Wer also mehr weiß als ein anderer, selbst wenn es noch so wenig ist, kann Bewunderung und Anerkennung erlangen. Was ihm dann wieder das Gefühl gibt, besonders gut zu sein. Bis er einen trifft, der besser ist.
Experte zu sein oder sich als ein solcher zu fühlen, ist also nicht das gleiche.

In vielen Bereichen gibt es ja auch klare Maßstäbe. Beispielsweise in der Technik. So ist ein guter Konstrukteur an seinen Leistungen meßbar. Das gilt natürlich auch für den Bereich der Physik und Chemie. Auch in der Medizin kennen wir viele Experten. In dieser Aufzählung könnte ich beliebig fortfahren.

Ein ganz bestimmtes Gebiet scheint mir jedoch weitaus schwieriger meßbar zu sein, nämlich das, was wir im weitesten Sinne schlechthin als „Kunst" bezeichnen.

Hier verwischen sich die Grenzen zwischen echter Kunst und Kitsch, zwischen wahrem Könnertum und Scharlatanerie, oft für die große Masse unbemerkt.

In der Kunst verwischen sich leicht die Grenzen.

Wenn wir nicht unsere Experten hätten. Deren Urteil wir glauben müssen, ohne es immer begreifen zu können.

Seit Gott die Welt erschuf, ist eine lange Zeit vergangen. Inzwischen waren und sind wir Menschen bestrebt, seinem Beispiel folgend, immer wieder Neues zu erfinden. So hatte alles, was es heute gibt, irgendwann seinen Anfang. Auch die Kunst.

Natürlich ändern sich die Sitten und Gebräuche. Das trifft auch für unseren Geschmack zu. Im Laufe der Jahrtausende ist daher die menschliche Einstellung zur Kunst einem ständigen Wandel unterworfen.

Wir Menschen ändern unseren Geschmack.

So wurde die „moderne" Kunst vielfach nicht verstanden, angefeindet und sogar verboten. Je nachdem in welcher Zeit und in welchem Land wir leben.

Kann man aber einem einfachen Menschen, der zum Beispiel mit der Malerei oder der Bildhauerei weder wissenschaftlich noch praktisch in Berührung gekommen ist, zumuten, zur Beurteilung eines „Kunstwerks" mehr als seinen Geschmack und sein Gefühl zu benutzen?

Für mich ist schön, was ich als schön empfinde.

So sollte es verständlich sein, daß der als „Otto Normalverbraucher" bezeichnete Durchschnittsbürger vielfach gerade mit den Randgebieten der Kunst nicht viel anzufangen weiß.

Er müßte sich völlig hilflos vorkommen, hätten wir nicht unsere Experten. Die uns mit verblüffender Selbstverständlichkeit Perspektiven eröffnen, auf die wir von selbst niemals kommen würden.

„Ein Hauch von Romantik schwebt über dem, durch seine bizarren Formen an die Urgewalten der Natur erinnernden Kunstwerk, das gerade durch die Schlichtheit des Materials, das der Künstler in der Absicht verwandte, den stillen Betrachter in eine Stimmung innerer Ruhe und Ausgeglichenheit zu versetzen, in ergreifender Weise den ständigen Widerspruch zwischen Phantasie und Realität deutlich werden läßt."

Gemeint ist ein Stück Maschendraht, an dem eine angebrochene Rolle Toilettenpapier mit drei Fonduegabeln befestigt ist. –

Da steht man dann tief beschämt in niederschmetternder Erkenntnis eigenen Banausentums. Voller Bewunderung für die überwältigende Sachkenntnis des Experten und die unnachahmliche Perfektion seines Ausdrucks.

Was wären wir nur ohne unsere Experten?! –

Alle sind gegen mich!

„Ich kann machen, was ich will –
ich finde keinen Anschluß!"
„Keiner mag mich!"
„Die anderen sind alle so komisch!"
„Warum bin ich nur so allein?"
„Was haben die nur gegen mich?!"

All diese Worte zeigen eines deutlich: Derjenige, der sie stellt, baut Fronten auf. Er selbst steht in der Mitte, rundherum sind alle anderen. In den „anderen" sieht er die große, fremde, ja oft feindliche Welt.

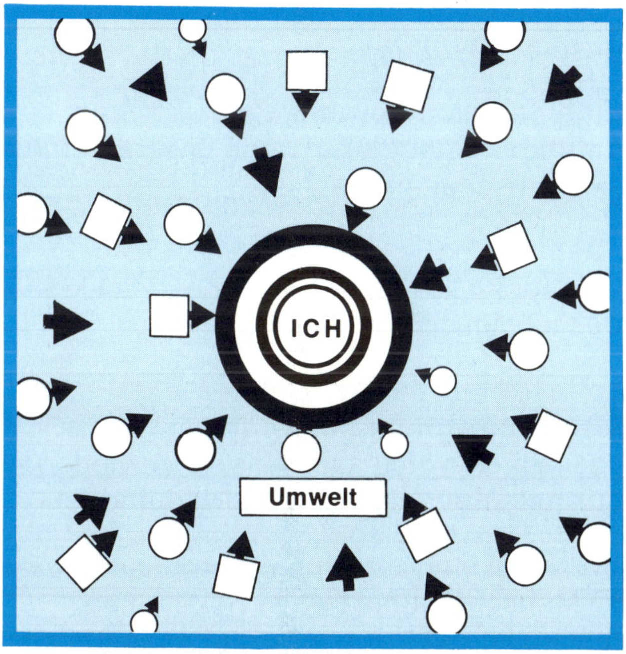

Ich stehe, wie immer, im Mittelpunkt meines Lebens. In meinem Buch „Erfolg – so nebenbei" habe ich dieses Thema ausführlich behandelt.

Das vorstehende Bild jedoch zeigt demgegenüber eine Besonderheit:
Drei dicke Ringe riegeln mein ICH gegen die Umwelt ab. Weil ich mich, wie ich glaube, gegen das Unverständnis und die Feindschaft, die mir von „außen“ entgegengebracht werden, schützen muß.

Dabei möchte ich mich in Wirklichkeit anlehnen, denn ich brauche den Kontakt mit den anderen.

Mein Verhalten jedoch stößt sie ab!
Und ich beklage mich über meine Umwelt!
Wie ist das zu erklären? –

Ich habe schon des öfteren ausgeführt, daß unser tägliches Leben von zwei Faktoren bestimmt wird. Von den *Realitäten* und unseren *Gefühlen.*

Eine Situation gewinnt also erst dann für uns an Bedeutung, wenn unsere Gefühle sich einschalten:

Das Hemd ist uns näher als der Rock.

„Der HSV hat gegen den 1. FC Köln verloren!“ „Na und? Mein Friseur ist krank. Das ist viel schlimmer!“

Lotte hat nun mal kein Interesse an Fußball. Also kann von ihr aus verlieren, wer will, das läßt sie völlig kalt. Was Jupp wiederum nur mit einem Kopfschütteln quittiert.

„In Nepal sind bei einem Autobusunglück 52 Menschen ums Leben gekommen.“ „Ja, so ist das! Und was gibt es heute zu essen?“

Es sterben täglich Menschen, und Nepal ist weit – also, was juckt es mich?
Außerdem habe ich Hunger!

„Kommt mal schnell her, da hat der Hund des Nachbarn an unseren Rosenstrauch gepinkelt!“ „Der verflixte Mistköter! Na warte, dem Burschen von nebenan werde ich Bescheid stoßen, daß ihm sein dummes Grinsen vergeht. Und seine Stachelbeeren soll er gefälligst behalten!“

Au weh! Das hat mich an meinem tiefsten Nerv getroffen. Was sind schon der HSV und ein Busunglück gegen meinen Rosenstrauch?! Jetzt haben meine Emotiönchen aber richtig zugeschlagen.

Unsere Gefühle bestimmen, was für uns wichtig ist.

Welch innere Befriedigung, dem Nachbarn mal ordentlich die Meinung zu sagen und voller Trotz auf die Stachelbeeren zu verzichten.

...obwohl sein „dummes Grinsen“ in Wirklichkeit nur ein freundliches Lächeln ist und ich Stachelbeertorte für mein Leben gern esse!

Sie sehen daran mal wieder, was unsere Gefühle aus einer bestimmten Situation zu machen imstande sind.

„Alle sind gegen mich!“ ist meine Einstellung. Ich bin also von vornherein davon überzeugt, daß Annäherungsversuche meinerseits keinen Erfolg haben und daß die „anderen“ meine Nähe nicht suchen werden.

Wie komme ich zu dieser Ansicht?

Meist beginnt das schon in der Kindheit: Alle spielen lustig auf dem Schulhof – nur ich stehe traurig herum.
„Keiner spricht mit mir!“

Wer abseits steht, hat keine Chance.

Da jeder Mensch in erster Linie mit sich selbst beschäftigt ist, was bei Kindern ja besonders zutrifft, ist völlig klar, daß nur die eine Chance haben, die sich „dabeitun" können.

Nur wer mitspielt – spielt mit

Das mag ja ein wenig simpel klingen, heißt aber nichts anderes, als daß man *Eigeninitiative* entwickeln muß.

Selber ein Spiel beginnen und die anderen mitreißen ist die Devise, nicht nur für Kinder und Jugendliche. Wer das kann und wer danach handelt, wird niemals einsam sein.

Oder sich unaufgefordert einfügen – einfach mitmachen!

Natürlich ist das eine Frage der Veranlagung. Nicht jedem fällt das leicht. Doch Sie wissen ja – vielfach ist das nicht so sehr eine Sache des „Könnens", sondern des „Wollens".

Wer sagt, er kann nicht, der will nicht

Wenn ich auf dem Schulhof herumstehe und darauf warte, daß man mich zum Mitspielen auffordert, muß ich unter Umständen lange warten.

Kennen Sie den inneren Zwang, den wir Hemmungen nennen?

Kommt dann aber einer und ruft: „Los, spiel doch mit!", zwingt mich eine innere Macht zu antworten: „Laß mich in

Ruh' – ich habe keine Lust!" Obwohl ich die ganze Zeit nur auf diese Aufforderung gewartet habe, für mein Leben gern mitspielen und mir nach meiner Absage am liebsten selbst ein paar runterhauen würde!

Nun habe ich erst recht Grund, mir selbst leid zu tun! Was bin ich nur für ein armer Kerl. Ach, käme doch der Freund von eben zurück und würde mich an der Hand zum Spielfeld schleifen! Aber er kommt nicht wieder. Und auch kein anderer. Warum sollte man sich auch bei mir weitere Abfuhren holen? Und so läßt man mich in Ruhe!

Wer daran schuld ist? Ich selbst, ich Trottel!
Ja, ich stehe mir selbst im Weg!
Als Kind und später als Erwachsener.

Zu Beginn dieses Kapitels führe ich einige bittere Aussprüche auf, mit denen ich mich über meine „Leidensrolle" beklage. Gehen wir den Dingen doch mal auf den Grund:

- „Alle sind gegen mich!"

In Wirklichkeit ist niemand gegen mich, außer ich hätte ihn vorher mit meinem Verhalten schockiert. Die Tatsache, daß man sich nicht um mich bemüht, werte ich als Zeichen, man sei „gegen mich". Dabei haben die meisten mit sich selbst genug zu tun. Vielleicht warten auch einige nur darauf, von mir angesprochen zu werden.

Von nichts kommt nichts

Würde ich aus meiner Reserve herausgehen, könnte ich leicht feststellen, daß meine Ansicht reines Vorurteil ist. –

Wer ständig als „beleidigte Leberwurst" herumsteht, wird von den anderen gemieden.

▸ „Ich kann machen, was ich will – ich finde keinen Anschluß!"

Logisch! Denn wenn ich schon „mal etwas mache", was im übrigen selten vorkommt, versprühe ich vermutlich soviel Vorbehalte und Zurückhaltung, wenn nicht gar Bitterkeit und Resignation, daß ich damit kaum Sympathien erwecke.

▸ „Keiner mag mich!"

Dummes Zeug! Wer interessiert sich schon für mich?! Ich halte mich in meiner ständig verletzten Eitelkeit für viel wichtiger als ich bin. Mein ewiges Fehlverhalten kann zwar durchaus dazu führen, daß ich mich unbeliebt mache. Das habe ich dann allerdings nur mir selbst zuzuschreiben. –

▸ „Die anderen sind alle so komisch!"

Nun, abgesehen davon, daß wohl „komisch" nicht der richtige Ausdruck ist, sind es kaum die anderen, die absonderlich sind. Vermutlich bin ich es selbst!
Das sehe ich jedoch nicht ein oder ich will es nicht wahrhaben. –

▸ „Warum bin ich nur so allein?"

Ganz einfach, weil ...

... ich mich nicht anstrenge,
... mein Auftreten die anderen nicht erfreut, sondern sie eher vor den Kopf stößt,
... ich nicht bereit bin, auf meine Mitmenschen einzugehen, sondern erwarte, daß man sich auf mich einstellt,
... mein Verhalten unpsychologisch ist,
... ich verlange, ohne geben zu wollen,
... ich resigniere.

Vielleicht sogar, weil das Alleinsein so einer Art selbstverschriebenen Märtyrertums gleichkommt.

▶ „Was haben die nur gegen mich?!“

Nichts! Ganz einfach – nichts!
Außer, ich hätte ihnen dafür einen Grund gegeben.

Und was soll ich tun, um mein Leben zu ändern? Nun, zuerst muß ich mir darüber klar werden, ob mir meine Klagen nur als Vorwand dafür dienen, ein Leben zu führen, in dem mir das selbstverschriebene Leiden eine Art schmerzhafter Lust bereitet.

Eine fast perverse Lebenseinstellung.

Trifft das jedoch nicht zu und suche ich in Wahrheit den Kontakt zu meiner Umwelt, so muß ich endlich initiativ werden.
Ich werde dann zuerst ernsthaft darüber nachdenken, wie ich auf andere wirke.

Erst denken, dann handeln.

Dann überlege ich, womit ich meinen Mitmenschen sympathisch werden kann. Zum Beispiel dadurch, daß ich auf sie eingehe. Daß ich ihnen zuhöre und mein eigenes ICH in den Hintergrund stelle.

Voraussetzung für eine durchgreifende Änderung meines Lebens ist mein Wille! Dann folgt die Bereitschaft, mein eigenes ICH aus der Isolierung zu befreien.

Wenn ich meinen Mitmenschen ehrliches Interesse entgegenbringe, die Toleranz und Geduld mit den anderen habe, die ich selbst erwarte, habe ich eine große Chance, künftig ein glücklicheres Leben führen zu können.

Über die Kunst, „Reden zu reden“

„Eine Rede halten – das kann ich nicht! Wenn ich die ganzen Leute sehe, wie die mich alle angucken, nein – da kriege ich einfach kein Wort mehr heraus!“ –

„Es ist, als hätte ich einen Kloß im Hals!“
„Es schnürt mir die Kehle zu!“
„Mein Kopf ist völlig leer!“
„Ich möchte im Boden versinken!“

Verständlich! Das geht vielen so. Natürlich gibt's auch welche, die da absolut keine Hemmungen haben. Das sind die ganz Selbstbewußten, die Bühnenerfahrenen, die Applausbesessenen. Doch das bleiben wohl die großen Ausnahmen. Für die meisten von uns ist es ein gewaltiger Unterschied, ob man „einfach“ etwas erzählt, über etwas berichtet oder ob man eine „richtige Rede“ halten muß.

Bei der Unterhaltung kommt es im Endeffekt nicht so genau darauf an, was man von sich gibt. Man kann seine Meinung sagen, Erlebnisse zum Besten geben – und jederzeit einwenden, man habe sich geirrt, versprochen oder etwas vergessen.

An einer Unterhaltung sind mindestens zwei Personen beteiligt.

In der Unterhaltung ist man auch nicht allein. Mehrere reden abwechselnd, dabei der eine etwas kürzer, der andere entsprechend länger.

Auch bei einer Erzählung fühle ich mich frei. Was soll mir schon passieren? Versprecher sind gestattet. Außerdem übe ich das doch schon seit Kindeszeiten.

„Üben"? Richtig – allerdings unbewußt. Denn die ständige Wiederholung einer bestimmten Tätigkeit kann als „Übung" bezeichnet werden. Auch wenn keine Absicht vorliegt.

Übung macht den Meister.

Wer ein und dieselbe Sache immer wieder praktiziert, „schüttelt sie aus dem Ärmel". Wer täglich den selben Weg geht, „findet sich selbst im Dunkeln zurecht". Wer seit früher Jugend wandert, so oft er kann, bekommt auch bei einer Bergtour so leicht keinen Muskelkater. Der „Ungeübte" muß da eher mit Schwierigkeiten rechnen. –

So ist es auch beim Sprechen:
Sobald das Kind die ersten Silben herausbringt, steht das Plappermäulchen nicht mehr still.

Sprechen ist daher für den gesunden Menschen eine Tätigkeit, die er täglich zwangsläufig „übt", wenn er sich verständlich machen will.

Daß trotzdem manche Menschen gerade einer sauberen und gepflegten, klaren und verständlichen Sprache nur sehr wenig oder auch gar keinen Wert beimessen, ist – gelinde ausgedrückt – schier unbegreiflich!

Wenn die Menschen so gekleidet wären, wie sie sprechen, würden viele in Lumpen herumlaufen!

Die menschliche Sprache ist eines unserer höchsten Kulturgüter

„Übung" muß nun durchaus nicht automatisch eine „Verbesserung" nach sich ziehen. Man kann sich auch schlechte Manieren angewöhnen und sie durch stete „Übung" zu einer gewissen „negativen Perfektion" bringen!

Man kann sich auch Fehler durch „ständige Übung" angewöhnen.

Davon weiß mancher Tennisspieler zu berichten, der sich im Laufe der Jahre so viele Fehler als festen Bestandteil beispielsweise seiner Schlagtechnik zugelegt hat, daß er selbst diese durch ständige „Übung" „negativ perfekt" anwendet.

Sehen Sie, so ist es auch bei der wörtlichen Rede. Manche Mitbürger nuscheln, mauzen und schlurzen ihre Worte heraus, als hätten sie nie eine Schule besucht.

An seiner Sprache erkennt man den Menschen.

Denken sie nicht daran, daß sie auch an ihrer Sprache gemessen werden, oder ist es ihnen gleichgültig? Vermutlich wissen sie gar nicht, wie sie sich an ihrer Heimatsprache vergehen. Eine Folge mangelnder Selbstkritik. Zumal uns andere wohl kaum darauf aufmerksam machen werden.

Na schön! Trotz unterschiedlicher Qualität dessen, *wie* wir es sagen, haben wir in der allgemeinen Unterhaltung keine Hemmungen. Anders ist es jedoch bei einer Rede.

Warum und wieso?
Sprechen ist sprechen – oder etwa nicht?

„... da kriege ich einfach kein Wort mehr heraus!", zeigt uns, daß es sich hier weniger um ein logisches als um ein psychologisches Problem handelt!
In der Tat für viele ein *echtes* Problem!

Nur sitzt das in fast allen Fällen an einer ganz anderen Stelle als man es glaubt.

Jeder, der sprechen kann, kann auch reden

Ja, so ist es. Nicht das „Nichtredenkönnen" ist hier das Problem, sondern die Beseitigung der inneren Hemmungen.

Es ist eine Art „Platzangst", die schon Oscar Schellbach in seinem Werk „Mein Erfolgssystem" sehr verständlich beschreibt.
Aber auch Dale Carnegie geht in seinem weltbekannten Buch „Wie man Freunde gewinnt" sehr ausführlich auf dieses interessante Thema ein.

Probieren geht über studieren.

Sich „einfach" dahinstellen und zu den Menschen sprechen. Ja, das geht! Glauben Sie mir. Sie müssen es nur versuchen!

Suchen Sie sich ein ganz leichtes Thema aus. Zum Beispiel Ihren letzten Urlaub. Erzählen Sie Ihren Freunden, was Sie erlebt haben. Reden Sie so, wie Sie immer sprechen. Und denken Sie daran, daß Sie Ihren Zuhörern etwas Interessantes mitzuteilen haben.

Sprechen Sie offen über Ihre Hemmungen.

Am besten Sie sprechen auch ganz offen über Ihre Hemmungen, vor anderen zu reden. Sie werden sich wundern, wie dabei diese Bremsklötze plötzlich verschwinden.

Denn Ihre Zuhörer sind ja Ihre Leidensgenossen. Die hätten an Ihrer Stelle die gleichen Schwierigkeiten.

Sprechen Sie nun ganz ehrlich darüber, gewinnen Sie die Herzen der anderen, die sich mit Ihnen identifizieren werden. Man hat Verständnis für Sie, schätzt Ihre Ehrlichkeit und fühlt sich mit Ihnen verbunden.

So kommt Ihre „Rede“ nicht nur an, mehr noch, Sie gewinnen Sympathien und dadurch Freunde.

Selbstverständlich sollen Sie nun nicht immer zu Beginn einer Rede über Ihre Schwierigkeiten sprechen. Das brauchen Sie aber auch bald nicht mehr, wenn Sie erst gemerkt haben, wie gut es geht.

Erfolgserlebnisse bringen Sicherheit.

Mit den ersten Erfolgserlebnissen gewinnen Sie zunehmend an Sicherheit.

Rückschläge sind normal.

Aber bedenken Sie, daß Rom auch nicht in einem Tage erbaut wurde. Kleine Rückschläge sind normal. Benutzen Sie diese als Grund, es weiter zu versuchen. Je lässiger, desto besser!

Was war noch der Unterschied zwischen „einfachem Sprechen“ und einer Rede?

Vom Text sollte da gar kein Unterschied sein. Sollte! Ist aber oft leider!
Denn mancher Redner glaubt, das Podium verlange auch andere Sprechgewohnheiten. So wie beim konservativen Briefschreiben: „Sehr geehrte Herren!“ Als ob's keine Damen gäbe!

„Ihr Geehrtes vom ... in Händen haltend, erlaube ich mir, Ihnen mitzuteilen...“

Sie lachen? Dann schauen Sie sich mal im Geschäftsleben um. Das gibt's heute noch!

Warum schreibt man nicht, wie man spricht? Leider haben sich Redner ähnliche Unsitten angewöhnt.

So können sich manche Leute unglaublich verzwickt und unverständlich ausdrücken. Fremd- und Schlagworte sind „in“: „Die stete Beachtung des realen Wertes einer sicherheitsrelevanten Energiepolitik ist hier und heute das Gebot der Stunde!“

Alter Quatschkopf!

Da spricht der Experte. „Otto Normalverbraucher“ kommt sich klein und schäbig vor. So elegant würde er sich niemals ausdrücken können.

„Bei unserer Energiepolitik muß die Sicherheit der Bürger an erster Stelle stehen!“ Das klingt zwar nicht so vornehm, hat aber die Chance, auch von „Kumpel Anton“ verstanden zu werden, und so sollte es ja wohl sein.

**Kurz, klar und verständlich.
So geht's auch!**

Denn Reden sind für alle da, dienen der Information und dürfen keinen Geheimkodex enthalten, der nur Eingeweihten verständlich ist.

Also: Drücken wir uns verständlich aus. Mit der einfachen Sprache des „normalen“ Bürgers. Das muß und soll keine Abstriche von der Qualität des Inhaltes der Rede bedeuten.

Auch ein Redner sollte sprechen, wie ihm „der Schnabel gewachsen ist“.

Nur gilt: Wer „einfache“ Worte wählt, braucht nicht so lange nachzudenken, und er hat die große Chance, von viel mehr Menschen begriffen zu werden! –

Wenn man aber für eine Rede die gleichen Worte wählen kann wie für das „einfache Sprechen“, was macht sie dann für uns so beängstigend?

Die Atmosphäre ist es, die unsere Hemmungen erzeugt. Da steht man, ganz allein, den kritischen Blicken der Menge preisgegeben.

Sitzt die Krawatte? Ist die Frisur in Ordnung? Wohin nur mit den Händen? In die Tasche, aus der Tasche, falten, Arme verschränken, eine Hand zwischen die Jacke (Napoleonstellung!), und das alles im ständigen Wechsel. An einem Pult kann ich mich wenigstens festhalten. Da sieht man auch meine Hose nicht!

Hoffentlich erfülle ich die Erwartungen der Zuhörer und verspreche mich nicht!

Ja, da kann einem „Ungeübten“ wahrhaft schwindelig werden. Es ist, als stünde man im zehnten Stockwerk außen auf der Fensterbrüstung und eine geheimnisvolle Macht wolle einen in die Tiefe ziehen.

Was sollen wir tun, um reden zu lernen, ohne Schwindelanfälle und Schweißausbrüche zu bekommen?

Zuerst müssen wir wissen, worüber wir sprechen wollen, was die anderen hören sollen. Beim Sprechen schauen wir dann auf die Köpfe der Zuhörer, nicht in ihre Augen, und wir suchen unsere Verbündeten. Sie geben sich durch bejahendes Nicken zu erkennen. Sehen wir sie bewußt öfter an. Ihre Zustimmung stärkt unser Selbstvertrauen.

Sprechen wir langsam. Machen wir Denkpausen, wozu übrigens Mut gehört. Überbrücken wir sie jedoch bitte, bitte nicht mit jenem scheußlichen „ääh", was bedauerlicherweise einen festen Platz im Ausdruck nicht nur vieler Politiker hat!

Das „ääh" in unserer Sprache ist eine ganz scheußliche Angewohnheit und eine Zumutung für die Zuhörer.

Peter von Zahn ist ja gerade durch seine Pausen berühmt geworden. Weil er sie stets an einer völlig unpassenden Stelle macht, was ihm die Aufmerksamkeit seiner Zuhörer sichert. Er hat heute noch viele Nachahmer. Einer davon ist Helmut Schmidt.

Manche Redner sind blanke Sadisten! Die Tatsache, endlich am Podium zu stehen, versetzt sie in einen wahren Höhenrausch. Jetzt kann ich mich ungehemmt gehenlassen! Niemand vermag mich zu bremsen! Jetzt müßt ihr mir zuhören, ob ihr wollt oder nicht! Und wenn auch schon sechs Redner vor mir auf den Lebensweg des Jubilars in allen Einzelheiten eingegangen sind. So hole ich meine Spickzettel heraus, verweise darauf, daß meine Rede „nur kurz" sein wird (erfahrungsgemäß ein sicheres Zeichen für das absolute Gegenteil) und lege los.

Reden können heißt Macht ausüben.

Die Chance werde ich mir natürlich nicht entgehen lassen. So kommt es mir auch gar nicht so sehr darauf an, den Jubilar zu erfreuen, dem ja schließlich auch der Magen knurrt, sondern mich der Versammlung von meiner „besten Seite" zu zeigen.

Wie käme ich dazu, auf meine vorbereiteten Bonmots zu verzichten, nur weil sie andere vor mir auch schon angebracht haben?! Nix da! Was hier steht, wird auch verlesen und wenn ich der Einzige bin, der sich darüber freut! –

Sollte nun Ihr Entschluß feststehen, das Reden zu erlernen, so beherzigen Sie meinen Rat:
Sprechen Sie so, wie Ihnen „der Schnabel gewachsen ist"!

Da ich nicht weiß, ob sie meine kleine Broschüre kennen, die ich im Jahre 1971 für meine Freunde herausgegeben habe, will ich Ihnen den Inhalt nicht vorenthalten. Zumal diese Karikatur des Redners schlechthin viel Zustimmung und Belustigung hervorgerufen hat. Der Titel heißt

„Ambivalente Identifikationskontingenz".

Anstelle eines Vorwortes

Die systematisierte Wachstumsebene einer in sich funktionellen Organisationspotenz stellt zwangsläufig eine sozusagen synchrone Aktionsstruktur in Frage. Ganz abgesehen von der sich stets verdichtenden qualifizierten Drittgenerationsproblematik ergibt sich hier eine unvermeidliche ambivalente Identifikationskontingenz.

Der Verfasser

Sind Sie ein Redner?

Einer, der aus beruflichen oder anderen Gründen des öfteren gezwungen ist, etwas von sich zu geben? (Womit natürlich schlaue Worte gemeint sind!)

Oder sind Sie ein Zuhörer?

Einer also, der ebenso oft solchen Reden zuhören muß, weil er dabeisein muß? Dann kennen Sie den erstaunlichen Effekt überlegener Formulierungen.

„Meine Damen und Herren" ist nicht wirkungsvoll genug. „Meine sehr geehrten Damen und Herren" schon viel besser.

Doch zuerst die Begrüßung.

Aber „Sehr verehrte Damen, sehr geehrte Herren" ist ganz klar die Spitze. Sie verweist uns Herren deutlich auf den uns zustehenden zweiten Platz, denn „Sehr verehrte Herren" wäre doch ... trotz ... na, Sie wissen schon!

„Als ich im Jahre 1933" – Verzeihung, das war der falsche Autor.

Dann das Imperfekt.

Doch nicht erst zu dieser Zeit wurde erkannt, daß durch den Hinweis auf eine zeitlich zurückliegende schlechtere Situation der Glanz der Gegenwart umso heller erscheint.

Ein strahlendes Lächeln des Vortragenden läßt außerdem den Schluß zu,
er könne an dieser Entwicklung nicht ganz unschuldig sein und nur aus reiner Bescheidenheit verkneife er sich wohl einen Hinweis darauf.

Schließlich ist es immer gut, erst einmal die Reaktion des Zuhörerkreises auf das Wort eines anderen zu erfahren.

Nun ein Zitat.

„Schon Goethe hat gesagt..."

Na, klar – der mußte es ja schließlich wissen. Außerdem wäre Widerspruch zwecklos!
„... daß dieses und jenes..."

Und dann folgen Ihre eigenen Schlüsse, die selbstverständlich akzeptiert werden müssen, weil ja schließlich „schon Goethe ...“

Damit hätten Sie sich dann legitimiert.

Jetzt ein paar Zahlen.

„Erschreckend ist die Tatsache, daß sich vom Jahre 1968 bis heute die Summe der Feldmäuse im Bezirk Mausbach glatt verdreifacht hat. Das entspricht einer Zuwachsrate von ...“

Klug angefangen! Sie können sicher sein, daß kaum einer in der Lage sein wird, das aus dem Stegreif nachzurechnen. Sie aber wird man ob Ihrer Sachkenntnis bewundern. Spätere Reklamationen sind nicht zu befürchten.

Und wenn –– die Chance, Sie zu blamieren, ist verpaßt!

Das Schimpfen nicht vergessen.

Und schon haben Sie den Saal auf Ihrer Seite.

Worte wie: „Und wenn die Herren der Gegenpartei glauben, sie könnten uns hier verkaufen, dann lassen Sie sich von mir gesagt sein ...!“ –

Hei! Das hat gezündet! Die Augen glänzen und der erste Beifall ist Ihnen sicher. Sie sind doch ein verflixter Bursche!

Das war der Beweis: Sie werden es den Brüdern schon zeigen.

Sie sind der Mann, der die Kastanien aus aus dem Feuer holen wird.

Sehr wichtig.

Der Aufruf zur Besonnenheit.

Sie sind nicht nur ein Kämpfer. I wo! Man spürt deutlich die Überlegenheit, die von Ihnen ausgeht.

„Wir sollten uns jedoch nicht verleiten lassen ...“

Ja, ja! Sie werden sich nicht zu unüberlegten Handlungen hinreißen lassen. Sie sind vertrauenswürdig!

Na, wenn das nicht ankommt!

„Wir fordern ...!“

Da gibt es eigentlich keinen, dem das nicht gefällt.

Hier liegen Sie also goldrichtig. Fordern Sie ruhig etwas mehr, als nötig; lieber zuviel als zuwenig.

Applaus, Applaus!

Und jetzt die Hauptsache: Die Formulierungen.

Das Patentrezept, sich für den Zuhörer völlig unverständlich auszudrücken, heißt: „Automatisches Schnellformuliersystem.“

Es stammt nicht von mir; trotzdem ist es einfach Klasse. Und daher möchte ich es Ihnen nicht vorenthalten.

Das automatische Schnellformuliersystem.

Spalte 1	Spalte 2	Spalte 3	
0. konzertierte	0. Führungs-	0. -struktur	So wird's gemacht:
1. integrierte	1. Organisations-	1. -flexibilität	Mischen Sie die
2. permanente	2. Identifikations-	2. -ebene	Begriffe der drei
3. systematisierte	3. Drittgenerations-	3. -tendenz	Spalten nach Ge-
4. progressive	4. Koalitions-	4. -programmierung	schmack. Das Er-
5. funktionelle	5. Fluktuations-	5. -konzeption	gebnis ist in jedem
6. orientierte	6. Übergangs-	6. -phase	Falle unwidersteh-
7. synchrone	7. Wachstums-	7. -potenz	lich! Was halten Sie
8. qualifizierte	8. Aktions-	8. -problematik	z. B. von einer „kon-
9. ambivalente	9. Interpretations-	9. -kontingenz	zertierten Fluk-
			tuationsflexibilität"?

Zum Schluß der Knüller.

„. . . und damit wäre bewiesen, daß 3 x 3 = 10 ist!"

Bumms! Das schlug ein!

Wenn Sie jetzt hocherhobenen Hauptes das Rednerpult verlassen, schlagen die Herzen Ihrer Hörer, die längst Ihre Bewunderer sind, höher. Und sicher noch Tage später fragt sich der eine oder andere, was wohl mit einer „ambivalenten Identifikationskontingenz" gemeint sein könnte.

Wenn die wüßten, wie einfach das ist!

Was sollte man dem wohl noch hinzufügen?!

Wer Sorgen hat – hat auch Likör

Nun stammt dieser ebenso schöne wie auch durchaus zutreffende Spruch wohl aus einer Zeit, in der man geistigen Getränken mit eher weichem Charakter und süßlicher Geschmacksnote den Vorzug gab.

Heute würde man doch eher zu einem „kühlen Klaren" greifen. Zum Whisky oder ganz einfach zu einem feinherben Pils. Wenn man nicht gerade Weintrinker ist.

Likör jedoch, so scheint mir, hat in den letzten Jahren erheblich an Bedeutung verloren. Jedenfalls in Deutschland.

Das war in meiner Jugend noch ganz anders. Aber Zeiten und Sitten ändern sich nun mal. So hat der, der Sorgen hat, heutzutage sicher irgendein geistiges Getränk zur Hand, um „seinen Kummer zu ersäufen".

Wer trinken will, findet dafür immer einen Grund.

An Alkohol kann man sich ja bekanntlich gewöhnen. Hat man also keine Sorgen, macht man sich welche, um einen Grund zum Trinken zu haben. Notfalls geht's auch ohne Grund. –

Es gibt heute viel mehr Alkoholiker als man es glauben möchte. Diesen armen Süchtigen ist mit frommen Sprüchen ebensowenig zu helfen, wie mit gutgemeinten Ratschlägen. Das ist wohl in erster Linie ein medizinisches Problem. Und oft in zweiter Linie ein psychologisches.

So wende ich mich denen zu, die Sorgen haben, aber nicht (oder noch nicht!) süchtig sind.

Wir denken, wenn wir das Wort „süchtig" hören, wohl in erster Linie an Rauschgifte. An zweiter Stelle folgt dann der Alkohol. Das Nikotin vergessen wir gerne, denn Rauchen ist schließlich ein beliebter Volkssport. Der schon deswegen einen gewissen Reiz ausstrahlt, weil mit ihm so eine Art Selbstbestätigung verbunden zu sein scheint.

Jugendliche beginnen in den meisten Fällen zu rauchen, um erwachsen zu wirken.

Zum Beispiel ist das Rauchen ein Privileg der Erwachsenen. Daher gibt sich mancher Jugendliche der Illusion hin, mit „einem Glimmstengel auf dem Zahn" wirke er älter und reifer. Er will sich selbst beweisen, was für ein „toller Kerl" er ist und der Umwelt zeigen, daß man ihn von jetzt an „für voll" zu nehmen hat.

Da er in Wirklichkeit nicht erwachsen ist, stellt die Zigarette für ihn symbolhaft einen „Erwachsenen-Ersatz" dar.

Nikotin und Alkohol als Ersatz für fehlende Reife.

Hier ist das Rauchen ein „Ersatz" für fehlende Reife. Ebenso ist es mit dem Alkohol. Auch dieser ist, genau wie die Zigarette, Zigarre oder Pfeife, den Erwachsenen vorbehalten. Klar, daß mancher junge, leider oft sehr junge Mensch glaubt, erst durch den Griff zum Glas ein „vollwertiger" Mitmensch zu werden.

Die berauschende Wirkung des Alkohols gaukelt dem Betreffenden dann das Gefühl vor, besonders stark zu sein und bestätigt ihn in der irrigen Annahme, nun sei er wirklich ein „ganzer Kerl".

Bedauerlicherweise wird uns die Selbstverständlichkeit des Rauchens und Trinkens von „kompetenter Stelle“ ständig vor Augen geführt: Wildwestfilme, in denen sich christliche Menschen reihenweise totschießen, selbstverständlich nicht ohne sich vorher mehrere Flaschen Whisky, lässig mit dem Munde entkorkt, einverleibt zu haben.

Die Zigarette als Markenzeichen von Sängern und Showmastern.

Sänger und Showmaster, die niemals ohne eine Zigarette auf die Bühne treten. Politiker, denen die Pfeife nicht ausgeht, was sie wohl den „Kommissaren“ abgeguckt haben.

Schlechte Beispiele verderben die Sitten.

So müssen gerade die jungen Menschen glauben, diese Untugenden seien ein wichtiges Kennzeichen der „großen Welt“. Und sie übernehmen die Sitten der „Vorbilder“ in der Annahme, ihnen dadurch ähnlicher zu werden.

„Wer Sorgen hat, hat auch Likör“.
Ein Sprichwort, in erster Linie wohl für Erwachsene gedacht, heute aber durchaus auch auf viele junge Menschen anzuwenden.

„Likör“ als Ersatz für fehlende innere Zufriedenheit.

Alkohol als Fluchtweg in eine Scheinwelt, in der uns alles leichter, einfacher, problemloser und rosiger vorkommt.

Weil Alkohol beschwingt, enthemmt und lustig macht – aber auch den klaren Verstand vernebelt, Menschen brutal und böse machen kann, ja sogar zu Verbrechern werden läßt!

Gute Vorsätze kann man nur nüchtern befolgen.

Doch wer ist schon so stark, nach einem Glas aufzuhören? Je mehr man trinkt, um so eher vergißt man alle guten Vorsätze. Dann ist es uns völlig Wurscht, was später kommt! Wie oft das mancher von uns schon bereut hat! Was möchte man dann alles ungeschehen machen!

Doch der Katzenjammer hilft uns nicht weiter! Nur wer nüchtern ist, kann klare Entscheidungen treffen. Auch die, dem nächsten „Besäufnis" konsequent aus dem Wege zu gehen.

Vielen Dauertrinkern erscheinen Probleme im „Suff" als Bagatellen. Am nächsten Morgen sieht dann alles doppelt trüb aus. Also muß wieder Alkohol her, mit dem man sich aufs Neue ein paar Stunden betäuben kann.

Ehe Sie mich übrigens für einen „Heiligen" halten, gebe ich zu, daß ich „einem guten Schluck zur rechten Zeit" keineswegs abhold bin. Obwohl ich gut und gerne darauf verzichten kann und oft tagelang keinen Alkohol anrühre. Aber auch ich kenne die scheinbar „problemlösende" Wirkung des Alkohols für den Moment.

Rauschgifte lösen keine Probleme.

In Wahrheit löst Alkohol jedoch keine Probleme. Er verschlimmert sie eher und schafft neue dazu!

Aber ich hatte begonnen aufzuzählen, was uns bei dem Begriff „süchtig" einfällt: Rauschgift, Alkohol und Nikotin hatte ich erwähnt.

Was halten Sie denn von Kuchen, Torte, ja Süßigkeiten im allgemeinen? Sie sagen,

Ihnen sei keine Buttercremetorten-entziehungsanstalt bekannt? Da haben Sie allerdings recht. Denn medizinisch gesehen wird man nach Süßigkeiten nicht „süchtig". Jedenfalls nicht in dem Sinne, wie es bei Rauschgift der Fall ist. Obwohl vielfach gerade bei süßen Sachen ein starker „Gewöhnungseffekt" zu beobachten ist.

Süßigkeiten sind ein beliebter Ersatz für innere Unzufriedenheit.

Genuß von Süßigkeiten als „Ersatzhandlung" muß durchaus groß geschrieben werden. So wie der Kühlschrank, abgesehen von seiner normalen Funktion, vielen Menschen Ersatz für fehlenden inneren Ausgleich bietet.

Sind dicke Menschen wirklich gemütlich?

Sie kennen doch die Legende von den dicken Menschen, die „gemütlich" sind. Das trifft jedoch nur bedingt zu. Oftmals sind gerade die Dicken unzufrieden und unausgeglichen. Fehlende Erfolgserlebnisse gleichen sie durch übermäßige Aufnahme von Speisen und Getränken aus. Und werden dadurch noch dicker.
Aber nicht zufriedener.

Das ist auch bei einsamen Menschen sehr oft der Fall. Sie fühlen sich isoliert, der Kontakt zu ihren Mitmenschen fehlt ihnen, also bleiben ihnen nur noch „Ersatzhandlungen". Zum Beispiel der Kühlschrank oder die Flasche.

„Ersatzhandlungen" finden wir in jeder Altersgruppe.

„Ersatzhandlungen" treffen wir bei Menschen jeden Alters an: Die Jugend versucht durch Nachahmen von Gewohnheiten Erwachsener Großjährigkeit vorzutäuschen. Dummköpfe und Schwächlinge kompensieren ihren Mangel an Erfolg durch großspuriges Auftreten, Angabe (so tun als ob), auffallende Kleidung,

„tolle“ Autos und Supermotorräder. Alternde Männer kleiden sich plötzlich wie Teenager, versuchen sich als Herzensbrecher, treiben Sport bis zum Umfallen und fahren Sportwagen mit Supermotoren als Ersatz für mangelnde Potenz.

Scheidungen gehören dazu. Dreißig Jahre lebt man mit seiner ersten Frau zusammen. Dann legt man sie zum „alten Eisen“ und versucht, die Jugend durch eine Zwanzigjährige zurückzuholen. Was im übrigen gar nicht selten mit einem Herzinfarkt endet.

Platzangst? – Torschlußpanik??

„Ersatzhandlungen“ jedenfalls am laufenden Band. Eine natürliche Sache?! Ja und nein!

In den meisten Fällen führen wir sie unbewußt aus. So wie wir abends beim Fernsehen eine Erdnuß nach der anderen in den Mund schieben, ohne das überhaupt wahrzunehmen. 20 Erdnüsse = 200 Kalorien völlig unnötig so nebenbei. Nicht weil wir hungrig wären – nein, einfach aus Gewohnheit. Und dann wundern wir uns über ständiges Übergewicht. –

Lassen Sie mich jetzt zu den notwendigen Schlußfolgerungen kommen:

Jeder von uns trägt sein Sorgenpaket mit sich herum.

Wir Menschen haben alle unser „Päckchen“ zu tragen. Das eine ist leichter, das andere schwerer. Diese unsere Sorgen, die uns belasten, können verschiedenster Art sein. Gleich ob es sich um körperliche Gebrechen handelt oder um beruflichen

Mißerfolg, ob wir unter einer Trennung leiden oder darunter, daß uns die Anerkennung anderer Menschen fehlt.

Je nach unserer Veranlagung werden wir mit unserer Last relativ leicht fertig oder wir tragen schwer daran. Unsere Gefühle lassen uns Tatsachen, Ereignisse und Situationen als unbedeutend erscheinen –
oder aber als unlösbare Probleme.

Im letzteren Falle brauchen wir dringend Rat und Hilfe! Durch das Gespräch mit Menschen, die wir schätzen und denen wir vertrauen können. Wenn wir nicht wissen, an wen wir uns wenden sollen, greifen wir zu den „Ersatzhandlungen".

„Es hat ja doch alles keinen Zweck" ist der oft verwandte Ausspruch derer,
die resignieren. „Niemand versteht mich" oder „Mir kann ja doch keiner helfen".

Es ist mein Anliegen, Ihnen diese Tatsache bewußt zu machen. Ihnen „Ersatzhandlungen" als solche kenntlich zu machen. Klar zu demonstrieren,
daß „Ersatzhandlungen" eben nur „Ersatz" sind und nicht mehr. Und daß sich damit keine Probleme lösen lassen.

Ersatzhandlungen müssen uns als solche bewußt werden.

Wenn Sie soweit sind, daß Sie erkennen, was der wirkliche Grund Ihrer Sorgen ist, werden Sie auch begreifen können,
daß „Ersatzhandlungen" nicht geeignet sind, Sie dauerhaft von diesen Sorgen zu befreien.

Holen Sie den Rat Ihres Hausarztes ein. Sprechen Sie mit einem Geistlichen.

Nun brauchen Sie die Entschlußkraft, diesen Zustand zu ändern. Und zu Ihrem Sorgenpaket eine positive, möglichst emotionslose Einstellung zu finden.

Das ist der Weg, Ihr Leben wieder fest in Ihre eigenen Hände zu nehmen,
statt sich resignierend treiben zu lassen.

Sie werden sich bald wohler fühlen. –

Ich habe mich festgelegt

Damit sollte man vorsichtig sein,
aber man kann Entscheidungen
nicht ständig ausweichen.

Wer mit beiden Beinen fest im Leben steht, eine eigene Meinung hat und den Mut, diese auch deutlich zu sagen, wird nicht darum herumkommen, sich öfter festzulegen.

„Sind Sie dafür oder dagegen?"

Die Antwort erfordert zweifellos Courage. Aber ohne ein klares „Ja" oder „Nein" kommt schon der Wähler an der Urne nicht zum Ziel: Er muß sein Kreuz in nur *einen* Kreis setzen, sich für *einen* Kandidaten entscheiden, soll seine Wahl gültig sein.

Es gehört Mut dazu, ein klares JA oder NEIN zu sagen!

Des Wählers Vorteil ist die Anonymität. So ist es jedenfalls in den westlichen Ländern. Niemand schaut ihm über die Schulter, wenn er sich festlegt.

Anders ist es auf der „freien Wildbahn", wie man die verschiedenen Bühnen gerne bezeichnet, auf denen wir das Spiel unseres Lebens spielen. Kurz – unsere Rolle. Sei es in der Schule, an der Werkbank, im Büro, bei den Behörden, auf einer richtigen Bühne, in der Politik oder wo immer Sie wollen.

Da müssen wir Farbe bekennen,
wenn wir nicht zu den Drückebergern
gehören wollen.

Obwohl uns die Politiker ständig vorführen, wie elegant sie klaren Antworten ausweichen können, wie sie ihren Kopf immer wieder aus der Schlinge ziehen, so kommen auch sie in gewissen Situationen nicht um klare Entscheidungen herum. Zumal ja das Banner ihrer Partei sichtbar über ihnen schwebt.

So weit – so gut! Das heißt, gut ist es nur, wenn sich hinterher herausstellt, daß meine Entscheidung richtig war.

Drei Möglichkeiten, sich zu entscheiden.

Was aber, wenn nicht??
Ja, da gibt es wohl nur drei Wege:
1. Ich gebe zu, mich geirrt zu haben.
2. Ich schweige mich aus.
3. Ich beharre auf meinem Standpunkt.

Tja, würde ich mich nicht festgelegt haben, „hätte der Hund den Hasen gefangen"! Nun habe ich aber. Entweder voreilig oder weil's nicht anders ging, vielleicht auch weil es mir zu jenem Zeitpunkt richtig erschien.

Jetzt greift man mich an. Ich jedoch bleibe bei meinem Entschluß. Sonst müßte ich ja zugeben, daß meine erste Entscheidung falsch war. Jedenfalls sähe es so aus.

Also: Lieber „das Gesicht wahren" und stur bleiben!

Der 3. Weg.

Das wäre dann wohl der dritte Weg. Er wird sehr oft beschritten.

Viele haben Angst, „ihr Gesicht zu verlieren".

Es ist nicht nur Sturheit, die uns dazu zwingt, sondern oft auch falscher Stolz. Die Angst, „sein Gesicht zu verlieren", ist auch heute noch weit verbreitet. Sie ist bekannt, seitdem es Menschen gibt.

Doch auch Berechnung kann die Triebfeder für mein Beharren sein. Die Hoffnung, andere durch meine vorgetäuschte Sicherheit zu irritieren. Sie glauben zu machen, daß *sie* es vielleicht doch sind, die einem Irrtum unterliegen.

Man muß eine Behauptung nur oft genug wiederholen! Zwar wird auch dann kein Beweis aus ihr, aber es macht die anderen unsicher. Außerdem beginnt man selbst, daran zu glauben. Diese Selbsttäuschung hilft, das eigene schlechte Gewissen zu beruhigen.

Der 2. Weg.

Der zweite Weg ist: Ich schweige mich aus. Mein Gesicht zeigt das geheimnisvolle Lächeln einer Sphinx. Meine Körpersprache deutet Überlegenheit an. Meine Worte „Dazu möchte ich mich nicht äußern" drücken mein Mitleid aus für die armen Irren, denen die Unfehlbarkeit meiner Entscheidung wohl immer ein Rätsel bleiben wird.

Vielleicht geht das gut. Entweder fürchtet man, mich mit weiteren Fragen zu verletzen oder man wird, wie im vorgeschilderten Falle, unsicher.

Der 1. Weg. Ehrlich währt am längsten.

Am einfachsten wäre es allerdings, kurz und offen zuzugeben, daß ich mich geirrt habe. Das wird bei jedem Sportsmann Respekt und Achtung hervorrufen. Und auch bei denen von der anderen Partei, selbst wenn sie es offen nicht zugeben wollen – oder dürfen.

Den ersten Weg wählen heißt, mutig zu sein. Und Rückgrat zu haben. Das ist nicht immer leicht, doch nachher ist es uns leichter!

3 x 3 = 9

Eine einfache Rechnung, die uns aus den ersten Schuljahren in bester Erinnerung geblieben ist und an deren Richtigkeit kein Zweifel besteht.

„3 x 3 = 9" ist sozusagen eine Selbstverständlichkeit. Das weiß man eben, und es ist ja auch schließlich so. Das Ergebnis 9 ist die logische Folge der richtigen Rechnung 3 x 3. Daraus ergibt sich

Richtige Rechnung = richtiges Ergebnis

Für unser tägliches Leben heißt das nichts anderes, als daß uns richtiges Verhalten zum Lebenserfolg führt.

Oscar Schellbach formuliert das in seinem Buch „Mein Erfolgssystem" sehr treffend:

Richtiges Verhalten = Erfolg
Falsches Verhalten = Mißerfolg

Wer alles richtig macht, muß Erfolg haben. Das gilt natürlich nur für den Bereich unserer Möglichkeiten.

So braucht man also nur alles richtig zu machen und der Erfolg stellt sich zwangsläufig ein, wie bei einer richtigen Rechnung. Vorausgesetzt, der Erfolg ist kein Fantasieprodukt, hängt nicht vom „Wetter" ab und ist mit menschlichen Mitteln zu erreichen.

Um zu einem gewünschten *Erfolg* zu kommen, müssen wir uns allerdings erst darüber klar werden, was wir uns unter diesem Begriff vorstellen.

Es ist unbedingt erforderlich, den Erfolg als Zielvorstellung zu umreißen. So können wir ihn auch als „Ziel = Ende einer Wegstrecke“ bezeichnen.

Viele Wege führen nach Rom

Rom ist hier unser Ziel. Viele Wege führen dorthin. Verschiedene Verkehrsmittel bieten sich an.

Wichtig ist der Ausgangspunkt.
Hinzu kommen die Faktoren Zeit und Dringlichkeit.

Wir erkennen, daß die Rechnungsart den Gegebenheiten entsprechend verschieden sein kann. Das Ergebnis, das Ziel, der gewünschte Erfolg jedoch ist gleich.

Auch hier kommt Denken vor Handeln.

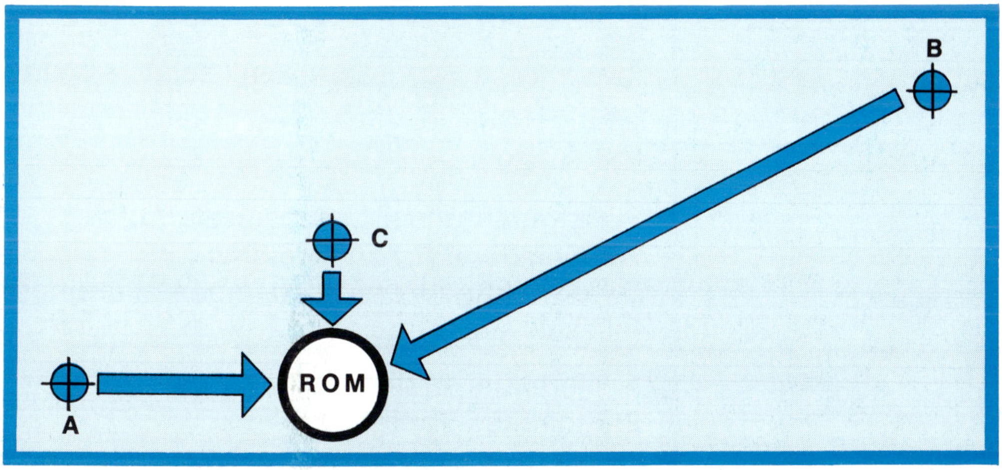

Der Weg von C nach Rom ist kurz.
Als Verkehrsmittel könnte ein Auto oder ein Taxi in Frage kommen.

Der Weg von A nach Rom ist etwas weiter.
Auto oder Eisenbahn bieten sich an.

Da B in Übersee liegt, ist die Wahl auf Schiff oder Flugzeug begrenzt. Gerade in diesem Falle spielen die Dringlichkeit der Reise, die Reisezeit und der dafür aufzuwendende Geldbetrag eine wichtige Rolle in unserer Rechnung.

Lassen Sie mich noch einmal feststellen, daß trotz der Notwendigkeit unterschiedlicher Rechnung bei A, B und C der Zielort, nämlich das Ergebnis, gleich ist.

Bei 3 x 3 = 9 heißt das:
9 ist das Ergebnis.
Es entspricht unserem planmäßigen Eintreffen in Rom. Auf die 9 kommt es hier also an.

Da viele Wege nach Rom führen, bringen uns verschiedene Rechnungen zum Ziel:

$5 + 4 = 9$
$2 + 7 = 9$
$2 \times 4 + 1 = 9$
$20 - 11 = 9$
$81 : 9 = 9$

So ist auch unser Lebenserfolg auf verschiedene Art zu erreichen.
Zwei wichtige Voraussetzungen allerdings müssen gegeben sein:

1. Klare Zielvorstellung
2. Richtiges Verhalten

Nur wer sich in allen Punkten richtig verhält, Risiken richtig kalkuliert und die eigenen Grenzen kennt, hat Aussicht auf Erfolg.

Wenn wir unser Ziel verfehlen, also erfolglos sind, haben wir uns todsicher falsch verhalten.

Oft hören wir die resignierende Feststellung eines Erfolglosen:

„Ich kann machen, was ich will, ich schaffe es einfach nicht! Oder: Ich habe mich angestrengt, ja gequält. Ich habe Tag und Nacht geschuftet, doch leider ohne Erfolg. Ich verstehe das nicht!“ –

Hier muß untersucht werden, wo der Fehler liegt. Da auch 2 x 1 x 2 x 2 + 1 = 9 ist, sind bei dieser Rechnung 9 Fehler möglich.

2	x	1	x	2	x	2	+	1	= 9
1	2	3	4	5	6	7	8	9	mögliche Fehler

Je komplizierter die Rechnung, desto größer die Gefahr, Fehler zu machen.

Man kann eine 1 für eine 2 setzen, und ein + für ein ×. Und schon stimmt das Ergebnis nicht.

Viele Menschen nehmen sich zuviel vor.

Es gibt aber auch eine andere Möglichkeit, die leider von allzuvielen Menschen übersehen wird: *Das Ziel ist zu hoch gesteckt!* Was nichts anderes heißt, als daß wir uns zuviel vorgenommen haben.

Wir Menschen leiden unter einer mehr oder weniger falschen Selbsteinschätzung. Da diese bei psychologischer Behandlung heilbar ist, könnte man dabei fast von einer Krankheit sprechen. Diese ist weit verbreitet und hat oft verhängnisvolle Folgen. Schlimm ist dabei, daß wir trotz nachgewiesener Fehleinschätzung in den meisten Fällen von der Richtigkeit unserer Auffassung überzeugt sind.

Einige trauen sich weniger zu als sie tatsächlich zu leisten in der Lage sind. Der weitaus größere Teil jedoch pflegt andere zu unterschätzen und die eigenen Möglichkeiten weit zu überschätzen. So steckt man sich in oft völliger Verkennung eigener

Wer sein Ziel nicht erreicht, macht andere Personen oder „die Umstände" dafür haftbar.

3 × 3 = 9
Vielleicht sollten wir uns mit einem weniger hohen Ergebnis zufrieden geben. 8, 7 oder 6 mit vorhandenen Möglichkeiten zu erreichen, ist besser als von einer unerreichbaren 9 zu träumen.

Grenzen ein Ziel, welches einem verlockend erscheint. Wenn man es dann nicht erreicht, sucht man die Schuld normalerweise nicht bei sich selbst, sondern bei den „anderen".

Wer vergeblich auf eine Beförderung hoffte, unterstellt leicht dem, der an seiner Stelle aufgestiegen ist, daß er geschmeichelt und geschmiert habe und sich eben „besser dabeitun" könne. Oder die Urteilsfähigkeit des Vorgesetzten wird in Zweifel gezogen.

Sollte tatsächlich Selbstkritik einsetzen, so oft nur im Sinne der eigenen Rechtfertigung.

Aus der einfachen Rechnung 3 × 3 = 9 lernen wir, daß sowohl unser Verhalten falsch sein als auch der gewünschte Erfolg das Maß unserer Möglichkeiten überschreiten kann.

Wer sich jedoch ein seinen Möglichkeiten angepaßtes und daher erreichbares Ziel steckt, seine Vorgehensweise klug plant und Unvorhergesehenes einkalkuliert, hat große Erfolgschancen.

Hier kommt zur Psychologie die Logik.

Merken wir uns 3 × 3 = 9 als unsere Erfolgsformel. –

Lerne warten – Geduld zahlt sich aus

Warten ist nicht jedermanns Sache.
Denn dazu gehört Geduld. Die wiederum ist eine Frage der Veranlagung und in erster Linie wohl des Temperamentes.
Allerdings auch der Selbsterziehung.

Warten heißt, eine Pause zu machen. Eine Handlung oder eine Handlungsfolge zu unterbrechen. Um Zeit zu gewinnen.
Für einen Denkprozeß beispielsweise.
Oder um Gras über eine Sache wachsen zu lassen. Um abzuwarten, bis eine Frucht reif ist, ein Kuchen gar ist, ein allzu heißes Thema sich abgekühlt hat.

Denn:

Nichts wird so heiß gegessen, wie es gekocht wird

Je länger man wartet, um so kälter wird es.

Doch Geduld ist eine seltene Tugend, Ungeduld dagegen eine weitverbreitete Untugend. Mancher, der glaubte, nicht warten zu können, hat sich schon an unreifem Obst den Magen verdorben.

Warten will gelernt sein.

Oft ist Mißerfolg nur eine Frage mangelnder Geduld.

Gut Ding will Weile haben

Wer schnell spricht, hat keine Zeit zu denken. Auch der Zuhörer hat Mühe mitzukommen.

Nur nicht so hastig! Wer langsam spricht, macht weniger Fehler.

Wer langsam spricht, kann ,,ääh" und ,,äm" vermeiden. Er kann seine Gedanken ordnen, ehe er sie in Worte faßt. Dabei hat er Zeit, die Wirkung seiner Rede auf den Zuhörer zu beobachten und notfalls während des Sprechens Schlüsse daraus zu ziehen.

Ungeduld ist eine schlechte Eigenschaft.

Nicht selten scheitern Verhandlungen an der Ungeduld eines einzelnen, der ein bestimmtes Ergebnis ,,auf Biegen und Brechen" erreichen will und der glaubt, nicht abwarten zu können, bis die Zeit reif ist. Wie oft erleben wir dagegen, daß sich heute noch turmhoch scheinende ,,Probleme" schon morgen mit Leichtigkeit lösen lassen.

Erst denken, dann handeln.

Es ist überhaupt eine gefährliche Sache, spontane Einfälle ohne gründliche Überlegung in die Tat umsetzen zu wollen. Nur ganz wenigen ist es gegeben, mit Sicherheit darauf bauen zu können, daß ihr erster Gedanke auch ihr bester ist. Ich würde mich darauf jedenfalls nicht grundsätzlich verlassen.

Könner stellen sich selbst und das Produkt ihrer Überlegungen immer wieder und solange in Zweifel, bis die denkbar beste Lösung erreicht ist. Wenn diese dann allen Versuchen, ihr methodisch den Boden zu entziehen widersteht, kann man getrost mit der Verwirklichung beginnen.

Die Zeit arbeitet für den Geduldigen

Abwarten heißt natürlich nicht, die Zeit zu verschlafen.

Ein Vertreter von Regenschirmen holt sich im trockenen Hochsommer beim Einzelhandel trotz günstiger Angebote immer wieder Abfuhren. Nun kommt er zur Einsicht, sich mal vier Wochen nicht sehen zu lassen, zumal ihm ein Freund nahegelegt hat, sich in Geduld zu fassen und in der Zwischenzeit über ein wirkungsvolleres Vorgehen nachzudenken.

Wer den richtigen Zeitpunkt versäumt, verpaßt den Erfolg.

Nach Ablauf dieser Zeit erlebt er eine herbe Enttäuschung, denn der Fachhandel deckte sich in den vergangenen vier Regenwochen beim cleveren Vertreter der Konkurrenz ein, der beim ersten Regentropfen pünktlich „auf der Matte" stand. –

Anstatt die Zeit zu verschlafen, ist es wichtig, den richtigen Zeitpunkt zur Ausführung eines Vorhabens herauszufinden. Gelingt uns das, so hat sich unsere Geduld gelohnt.

Und noch ein wichtiger Hinweis:
Wir Menschen lassen uns nicht gerne drängen. „Freiwillig gerne! Wenn ich aber muß – dann gerade nicht!" Diese weitverbreitete Eigenart wird oftmals übersehen.

Wer läßt sich schon gerne drängen?!

„Na los – nun mach schon!" ruft bei vielen nur Widerstand hervor. Man erreicht damit genau das Gegenteil. Nämlich, daß sich der Gedrängte zur Wehr setzt und zurückdrängt.

...doch ich verschenk' mein Herz nur dann, wenn ich in Stimmung bin!

Überzeugen ist richtiger als überreden.

Druck erzeugt Gegendruck

Dann ist da noch etwas, nämlich die Stimmung! Nur wer „in Stimmung“ ist, wird bereit sein, einer Sache zuzustimmen. So kostet es keine Mühe, einen Hungrigen zum Essen, einen Durstigen zum Trinken und einen Erschöpften zum Ausruhen zu bewegen.

Wem aber „der Kopf nicht danach steht“, dem ist auch nicht mit Zureden beizukommen. Das einzusehen ist wahre Lebensweisheit.

Manche Probleme lösen sich übrigens von selbst. Indem sich Situationen grundlegend verändern, Menschen ihre Positionen wechseln, die Umstände plötzlich ganz anders sind.

Natürlich kann man auch abwarten, bis der Mensch, der das Zustandekommen eines Erfolges bisher so hartnäckig torpediert hat, das Zeitliche segnet. Vorausgesetzt, daß es einen selber nicht vorher erwischt.
Aber damit wäre das Problem dann ja auch wohl gelöst! –

Hab' Sonne im Herzen

Trübes Wetter trübt die Stimmung. Regen, Nebel und Tage, an denen es nicht hell werden will, drücken aufs Gemüt. ,,Da könnte man schwermütig werden!" Depressiv veranlagte Menschen leiden in dieser Zeit besonders.

Viele Menschen leiden unter,,Wetterfühligkeit".

Kommt die Sonne dann hervor, atmen wir befreit auf. Schon ist das Leben wieder lebenswert. Die Stimmung steigt, die gute Laune kehrt zurück, die Welt sieht hell und freundlich aus.

Während wir bei schlechtem Wetter am liebsten erst gar nicht aufstehen möchten, erwacht an einem strahlenden Frühlingstag bei uns der Tatendrang. Man fühlt sich stark und beschwingt, was den einen zu dem Ausspruch verleitet, er könne ,,Bäume ausreißen". Eine wenig sinnvolle Beschäftigung übrigens, wie mir scheint.

Sonnenschein erweckt Tatendrang.

Die Absicht des anderen, ,,Heldensöhne zu zeugen", halte ich dagegen für ein äußerst löbliches Unterfangen. Drum Mut, mein Freund, und schreite munter zur Tat! Die Nachwelt wird Dir dankbar sein.

So wie wir Menschen die Sonne am Himmel brauchen, muß sie auch in unserem Herzen strahlen. Denn Sonne hat Heilkraft und bringt Freude. Freude wiederum ist für den Menschen so wichtig wie gesunde Ernährung, erholsamer Schlaf und regelmäßige körperliche Betätigung.

Freude ist Seelennahrung

Wir kennen sie, die Bedauernswerten, denen es an nichts zu fehlen scheint. Die mit irdischen Gütern Gesegneten. Die sich fast jeden Wunsch erfüllen können und doch mit einem Gesicht herumlaufen, als stünde der Weltuntergang dicht bevor. Doch trifft das beileibe nicht nur auf die Begüterten zu. Menschen aller sozialen Schichten, Bildungsstufen und Altersgruppen tragen dieses Los mit sich herum.

Auf die Frage, was ihnen fehle, hören wir immer die gleichen Antworten:
„Ich weiß auch nicht, was mit mir los ist..."
„Ich kann nichts dagegen tun..."
„Nichts macht mir Freude..."
„Es hat ja doch alles keinen Sinn..."

Andere reagieren auch abweisend oder aggressiv:

„Was geht Sie das an?" „Wieso? Ich fühle mich gut!" „Ach, lassen Sie mich doch in Ruhe!"

Was sollen und können wir tun, um anderen zu helfen?

- Ihnen das Gefühl geben, daß wir uns für sie interessieren.
- Ihnen zuhören.
- Für sie dasein.
- Ihnen Freundlichkeit und Liebenswürdigkeit schenken.
- Sie anlächeln.

Ja, schon ein freundliches Lächeln und ein paar nette Worte tun wohl. Sie gleichen Sonnenstrahlen, die in unser Herz dringen.

Auch DU solltest mehr lächeln!

Was aber wird aus uns, wenn wir Hilfe brauchen? Nur auf die Initiative anderer zu warten, hieße die Enttäuschung vorprogrammieren.

Von selbst kommt nichts

Fast jeder hat genug mit sich selbst zu tun. Er interessiert sich in erster Linie für sein eigenes ICH! Also müssen wir uns selbst helfen.

In diesem Zusammenhang bitte ich Sie sehr herzlich, sich an dem Verhalten der Zeitgenossen kein Beispiel zu nehmen, die nur an sich selbst denken. „Wie Du mir – so ich Dir" ist eines anständigen Menschen unwürdig!

Außerdem gibt es viel mehr Hilfsbereitschaft auf der Welt als man es glauben möchte, wenn man sich ständig mit Nachrichten über Unmenschlichkeit in aller Welt konfrontiert sieht.

Aber es entspricht nun mal unserer Natur, daß sich eine Zeitung mit der Schlagzeile „Unschuldiges Mädchen brutal vergewaltigt" besser verkauft als eine andere mit dem Leitartikel „Jugendgruppe hilft einsamen Menschen".

Schlechte Nachrichten verkaufen sich besser als gute.

Doch zurück zu der Frage, wie wir es schaffen können, die Sonne auch in unseren Herzen strahlen zu lassen. Natürlich geht das nicht mit dem Vorsatz allein: „Ab sofort freue ich mich!“ Schließlich muß man dafür ja auch einen Grund haben. –

Ich glaube, Sie werden von selbst darauf kommen, wenn ich Ihnen dazu ein Beispiel gebe:

Ich nehme an einer Tagung teil. Mindestens 120 Menschen stehen da in kleinen Gruppen beisammen: Frohe, traurige, strahlende, verbiesterte, geladene, freundliche, verkniffene und was es sonst noch gibt. Die meisten kenne ich.

⊖ Zeichen für NEGATIV.

Bei der Begrüßung bleibe ich bei einem gedrungenen Herrn stehen, der einem anderen gerade ein Rezept zur Weltverbesserung zu geben scheint.

⊖

„Na, wie geht's?“ „Bescheiden wäre noch zu viel gesagt! Das ist doch alles Mist hier. Aber denen werde ich es gleich geben! Die werden sich wundern!“

⊖

Gemeinsam gehen wir dann in den Saal. Bei der Rede des Vortragenden überbieten wir uns mit kritischen Bemerkungen.

⊖

Anschließend gibt es einen Stehempfang mit rustikalem Buffet und Altbier. Eine Gruppe anscheinend gutgelaunter Herren fordert mich auf, „einen mitzutrinken“. Doch ich entschuldige mich mit der Ausrede, ich müsse dringend heim, da dort ein Geschäftsfreund auf mich warte.

Hungrig zu Hause angekommen, knurre ich meine Frau dafür an, daß sie kein Abendbrot vorbereitet hat, obwohl ich ausdrücklich darauf hinwies, daß es spät würde und ich am Buffet teilnehmen wolle.
Dann schalte ich die Musik im Radio ab und vertiefe mich in meine Zeitung. Auf Versuche meiner Familie, sich mit mir zu unterhalten, gehe ich nicht ein.

⊖

So endet der Tag ohne einen inneren Sonnenstrahl.

Wem außer mir selbst könnte ich wohl dafür Vorwürfe machen?!

Die Minuszeichen am Rande zeigen, daß ich jeder Möglichkeit, Freude zu empfangen, aus dem Wege gegangen bin.

Weder empfing ich Freude, noch gab ich welche.

Wie anders hätte der Tag auslaufen können, wenn ich es nur gewollt hätte!

Fahre ich also noch einmal zur Tagung: Dieselben Menschen. Bei der Begrüßung bleibe ich jedoch nicht bei dem schimpfenden Herrn stehen. Statt dessen stelle ich mich zu einer fröhlichen Gruppe, deren Sprecher gerade den „neuesten Witz" erzählt. Auch wenn ich den Anfang nicht mitbekommen habe und deshalb die Pointe nicht verstehe, werde ich von der guten Stimmung angesteckt und kann nicht anders, als in das Gelächter einzustimmen.

⊕

Zeichen für POSITIV.

⊕

Während des Vortrages sitze ich neben dem Netten von vorhin, über dessen treffende Zwischenbemerkungen ich mich köstlich amüsiere.

⊕

⊕ Beim Stehempfang lasse ich mich nicht lange nötigen. Listig entziehe ich mich den Fachsimplern und wandere von Gruppe zu Gruppe, um mich bei der lustigsten häuslich niederzulassen.

⊕ Später zu Hause angekommen, erzähle ich meiner Frau, die auf mich gewartet hat, die Witze, die ich behielt. Dabei kann ich nochmals kräftig mitlachen. Ich freue mich über die flotte Musik im Radio und beschließe mit einem kleinen Schlummertrunk den Tag.

So, meine lieben Freunde, was sagen Sie nun? Glauben Sie noch immer, es sei so schwer, wenn nicht gar unmöglich, auf einfachem Wege zu Freude und innerer Sonne zu kommen? Allerdings muß man sie suchen!

Wer Freude sucht, wird Freude finden

Im ersten Falle gehe ich dem Frohsinn bewußt aus dem Weg. Minuspunkt kommt zu Minuspunkt. Eine negative Erfolgsbilanz also.

Im zweiten Falle suche ich die Freude ebenso bewußt. Und ich finde sie. Mehr noch: Durch meine gute Stimmung kann auch ich Freude verbreiten.

Ratschläge für alle, die gute Laune suchen.

Ich rate Ihnen daher:
Seien Sie kontaktfreudig. Gehen Sie dabei den Knurrhähnen, Miesepetern und ewig Schlechtgelaunten aus dem Weg. Schaffen Sie sich frohe, freundliche und lustige

Freunde an. Hören Sie Musik, so oft Sie können. Sitzen Sie nicht zu Hause herum, sondern gehen Sie spazieren, so oft es geht. Auch ein Marsch im Regen ist besser, als in einer verräucherten Bude herumzusitzen. Treiben Sie Sport, wenn Sie können. Suchen Sie Geselligkeit, anstatt sich abzukapseln.

Bei all dem müssen Sie stets bereit sein, Freude zu empfangen. Öffnen Sie Ihr Herz und lassen Sie die Sonnenstrahlen hinein. Damit auch Sie Sonne im Herzen haben. –

Herr „Positiv“ und Herr „Negativ“

Plus für positiv.

Minus für negativ.

Und das sind sie, die beiden so grundverschiedenen Typen:

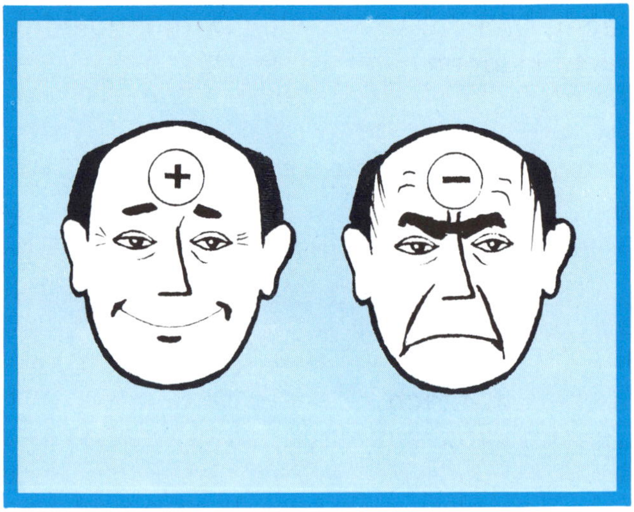

Schon der Gesichtsausdruck kann es zeigen: Die Lachfalten und die nach oben geschwungenen Mundwinkel bei Herrn „Positiv“. Der verkniffene Mund mit den herabgezogenen Mundwinkeln bei Herrn „Negativ“.

Für den Laien gilt: Vorsicht bei der Beurteilung von Menschen nur auf Grund von Äußerlichkeiten.

Nun sprachen wir ja schon darüber, daß Äußerlichkeiten täuschen können, wenn sie aus dem Zusammenhang gerissen werden. Man sollte daher kein vorschnelles Urteil fällen, sondern durch das Gespräch die Bestätigung suchen.

Hier sind typische Ausdrücke, an denen Sie erkennen können, um welchen Typ es sich handelt:

⊕	⊖
Das werden wir schon hinkriegen.	Die Sache ist aber nicht so einfach!
Das wird schon gutgehen.	Das geht bestimmt schief!
Das wäre doch gelacht, wenn das nicht klappen würde.	Ich fürchte, daß das nicht funktionieren wird.
Ich bin davon überzeugt.	Da bin ich nicht so sicher.
Gib her, ich mache das schon.	Vielleicht sollte man erst nochmal darüber nachdenken.
Das muß einfach zu schaffen sein!	Und wenn wir es nicht schaffen?

Und so könnte man endlos weitermachen. „Positivdenker“ sind die Kurzentschlossenen. „Negativdenker“ die großen Zauderer.

Die Entschlossenen bestimmen das Geschehen, sind motorisch und reißen die anderen mit.

Die Zauderer brauchen Anstoß und müssen mitgerissen werden, damit sie die anderen nicht aufhalten, denn sie neigen immer wieder zum Bremsen.

Die Kurzentschlossenen gehen munter ans Werk.

Die großen Zauderer bleiben meist bei ihrer negativen Einstellung. Geht alles gut, sagen sie: „Das hätte aber auch schiefgehen können!“

Geht es wirklich schief, sagen sie: „Das mußte ja so kommen. Ich habe es gleich gewußt. Aber auf mich hat ja keiner gehört!“

Die Einstellung der ,,Positiv"- und ,,Negativ"-Denker zeigt sich auch deutlich an dem bekannten Beispiel des Bierglases:

,,Das ist noch halbvoll!"

,,Das ist schon halbleer!"

Und zu welchem Typ gehören Sie?

Stimmung, Laune, Harmonie und Atmosphäre

„Schon der Anblick der vielen leckeren Sachen ließ den Gästen das Wasser im Munde zusammenlaufen. Als später die Musik einsetzte, lief das Stimmungsbarometer über. Es herrschte eine Bombenstimmung!"

Wie schön! – Eine wirklich feine Sache, wenn alle zufrieden sind und sich wohlfühlen. Wenn „Stimmung" da ist, man guter „Laune" ist und von einer erstklassigen „Atmosphäre" spricht.

„Wohlfühlen" ist, wie das Wort sagt, Gefühlssache.

„Stimmung" erinnert an Instrumente, die richtig und sauber gestimmt sind. Da gibt es keine schiefen Töne. Gut gestimmte Instrumente sind – richtig eingespielt – Voraussetzung für „Harmonie" und Wohlklang.

Schiefe Töne stören die Harmonie.

„Laune" bringen wir morgens von zu Hause mit ins Büro. Gute oder schlechte, je nachdem, wie wir geschlafen haben. Und wir nehmen sie mit nach Hause, abhängig davon, wie unser Tag verlief.

„Atmosphäre" ist die Luft, in der wir leben. Sie kann sauber und rein sein wie in einer Winterlandschaft auf den Bergen, fern von jedem Straßenverkehr. Und sie kann schlecht sein wie in einer Industriestadt im Nebel.

Wie immer in diesem Buch spreche ich von uns Menschen.

Davon, wie wir es schaffen können, miteinander so zu leben, daß wir uns dabei so wohl wie möglich fühlen: in bester „Stimmung“ und bei guter „Laune“, „harmonisch“ und in gepflegter „Atmosphäre“.

Wenn das Wörtchen „wenn“ nicht wär.

Tägliche Beispiele beweisen uns, wie schwer das ist, obwohl es kinderleicht sein würde, wenn...

Ja, wenn! Es heißt nicht umsonst: „Es kann der Beste nicht in Frieden leben, wenn es dem bösen Nachbarn nicht gefällt!“

Klar, daß ich dabei der „Beste“ bin und Du der „böse Nachbar“! Und damit stände dann mal wieder fest, daß *Du* Dich nur zu ändern brauchst und der Weltfriede wäre wieder hergestellt.

Bleiben wir doch mal bei dem Begriff „Stimmung“. Er bietet sich an wegen seiner guten Vergleichbarkeit mit der Musik.

Drei Möglichkeiten sind uns gegeben:

Alle drei Möglichkeiten setzen Eigeninitiative voraus.

1. Stimmung machen
2. Stimmung erhalten
3. Stimmung zerstören

Beispiele:

1. Stimmung machen

Ich trete ein, strahle die anderen an und sage: „Wie schön, Euch hier zu treffen! Wird das ein toller Abend! Ich habe da eine Idee...“.

2. Stimmung erhalten

Sie gähnt und meint: „Ich glaube, ich gehe. Hier ist ja doch nichts los!" Da springe ich auf und rufe: „Bitte, bleib noch! Du tanzt so phantastisch Samba. Ich habe mich so darauf gefreut. Warte, ich lege schnell die neue Platte auf – ich glaube, Du kennst sie noch nicht!"

3. Stimmung zerstören

Wir wollen ausgehen. Sie hat sich so richtig fein gemacht. Ich grinse: „Schön dick macht Dich das Kleid! Du willst wohl den Ober erschrecken?!"

„Stimmung" heißt, daß *alle* Instrumente richtig und sauber gestimmt sind. Denn schon *ein* unsauberer Ton stört den Gesamtklang.

Im Konzert müssen alle richtig und sauber spielen.

Trotz richtiger „Stimmung" kann es falsche Töne geben. Durch Mangel an Musikalität, fehlende Beherrschung des Instrumentes oder Unachtsamkeit. Und das ergibt Disharmonie.

Auf den Menschen bezogen sprechen wir von Charakterschwäche, fehlender Herzensbildung (und Bildung allgemein) sowie Gleichgültigkeit dem anderen gegenüber.

Fest steht, daß es auch hier auf jeden von uns ankommt. Wobei es nicht unsere Aufgabe ist, dem „anderen" sein Fehlverhalten vor Augen zu führen.

Es genügt, wenn wir das unsere zur „Harmonie" beitragen, indem wir uns sauber

Es kommt auf jeden von uns an. Ich gehe dabei mit gutem Beispiel voran.

stimmen und uns darin üben, stets den richtigen Ton zu treffen.

Tut das jeder von uns – auch Du und Du und Du und ich natürlich – ja, dann wird wohl manches freundlicher klingen!

Wie oft beklagen wir uns über Situationen, die uns nicht gefallen haben. Und wir wissen meistens sehr genau, an wem das gelegen hat. Hand auf's Herz: Waren das nicht immer die anderen? (Mit ganz wenigen Ausnahmen – vielleicht!)

Merken wir uns:
„Stimmung", „Laune", „Harmonie" und „Atmosphäre" sind keine Zufallsprodukte. Sie sind abhängig vom Zusammenspiel der Menschen in der täglichen Begegnung.

Wie überall werden wir auch dabei nur Erfolg haben, wenn wir es immer wieder aufs Neue versuchen – und unseren Mitmenschen gegenüber Geduld und Toleranz zeigen.

Beginnen wir damit noch heute!